# Maîtrisez votre Succès en Trading:

Le guide du débutant sur les contrats à terme, l'effet de levier, les marges et le trading au comptant avec les crypto-monnaies ;

Apprenez à gérer vos risques

et à gagner de l'argent !

*(Binance, Bitfinex, Coinbase et plus)*

**Toshi Nakamura & Master Trading**

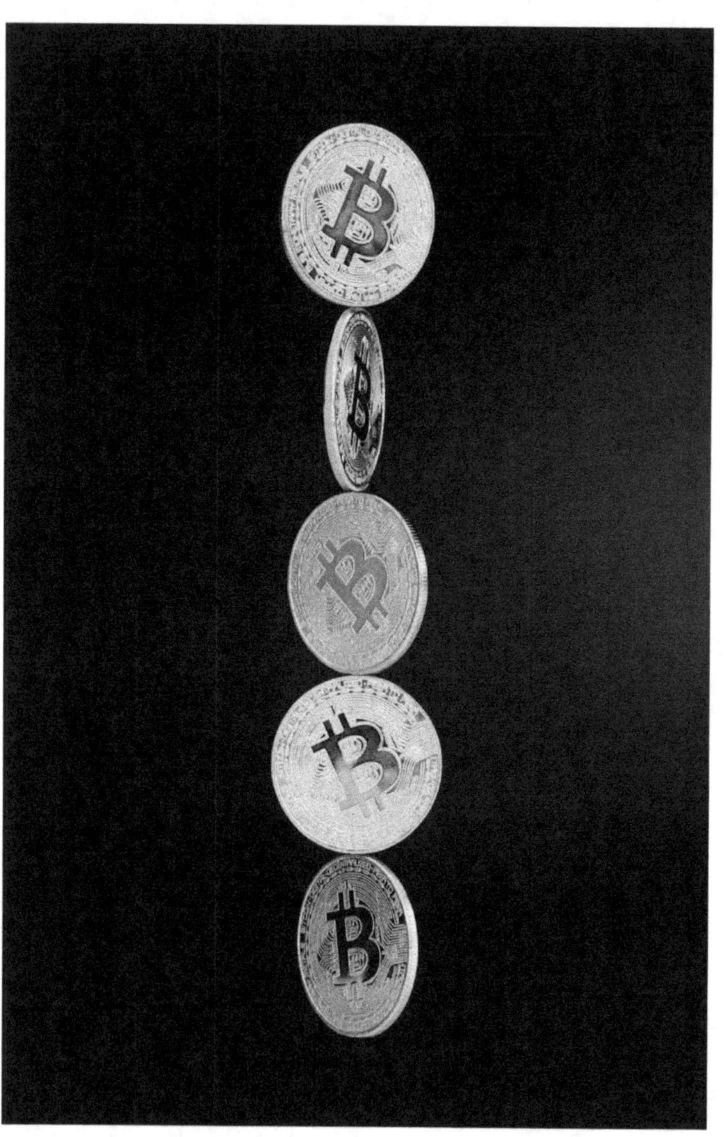

1

# Avis de non-responsabilité

**Copyright 2021 par MASTER TRADING- Tous droits réservés**

Ce document vise à fournir des informations exactes et fiables sur le sujet et la question traités. La publication est vendue avec l'idée que l'éditeur n'est pas tenu de rendre des services comptables, officiellement autorisés ou autrement qualifiés. Si des conseils sont nécessaires, d'ordre juridique ou professionnel, il convient de s'adresser à une personne exerçant cette profession - à partir d'une déclaration de principes qui a été acceptée et approuvée également par un comité de l'American Bar Association et un comité des éditeurs et des associations.

Il n'est en aucun cas légal de reproduire, dupliquer ou transmettre une partie de ce document, que ce soit par voie électronique ou sous forme imprimée. L'enregistrement de cette publication est strictement interdit et tout stockage de ce document n'est pas autorisé, sauf avec la permission écrite de l'éditeur. Tous droits réservés.

La présentation de l'information est sans contrat ou tout type d'assurance de garantie. Les marques commerciales qui sont utilisées le sont sans aucun consentement, et la publication de la marque est sans autorisation ou soutien de la part du propriétaire de la marque. Toutes les marques et marques déposées dans

2

ce livre ne sont utilisées qu'à des fins de clarification et appartiennent aux propriétaires eux-mêmes, sans être affiliées à ce document. Nous n'encourageons pas l'abus de substances et nous ne pouvons être tenus responsables de la participation à des activités illégales.

# Introduction

Vous êtes convaincu de l'avenir des crypto-monnaies et vous voulez être l'un des premiers à y investir.

Le moyen le plus simple est de passer par une bourse de crypto-monnaies, où vous ne payez également que de faibles frais de transaction. Outre le simple fait d'investir dans des crypto-monnaies, il est certainement utile de consacrer un peu plus de temps à la compréhension du marché des crypto-monnaies. Après avoir lu ce livre, vous saurez exactement comment fonctionne l'achat et la vente de crypto-monnaies par le biais d'une bourse en ligne et vous pourrez acheter toutes les crypto-monnaies que vous voulez.

Pour connaître le moyen le plus simple d'obtenir de l'argent, des bitcoins ou d'autres crypto-monnaies sur une bourse en ligne, il est préférable de lire d'abord le chapitre "Comment acheter des crypto".

Voici une explication détaillée des différentes façons d'acheter une crypto-monnaie et de l'envoyer à différents échanges.

Dans les autres chapitres, nous nous plongerons dans plusieurs méthodes de trading telles que le trading au comptant, le trading sur marge et les futures Binance.

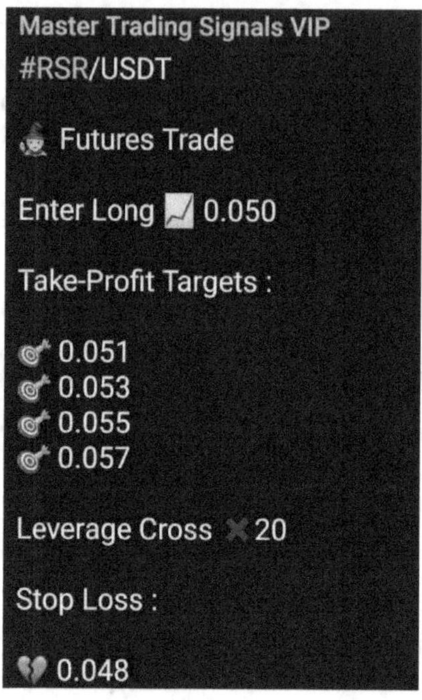


En tant que groupe de traders chevronnés, nous disposons également d'un groupe de trading VIP avec des signaux de trading qui vous donneront les détails exacts sur la manière de réaliser des bénéfices avec le trading.

Voici l'un des signaux que nous partageons dans notre groupe à titre d'exemple. Le signal est pour une paire de trading de RSR et USDTether, l'USDT est une monnaie stable qui a la même valeur qu'un dollar par pièce et le

signal spécifie l'entrée du trade pour cette pièce. Il peut
être utilisé comme un signal de trading au comptant, où
vous vous concentrez sur l'achat de la pièce au prix
actuel et la conservez jusqu'à ce qu'elle atteigne les
objectifs de profit. Vous pouvez également utiliser les
contrats à terme de Binance avec un effet de levier, afin
d'engranger des bénéfices 20 fois supérieurs à ceux
d'une transaction au comptant.

Dans ce guide, nous vous expliquerons tout ce que vous
devez savoir pour tirer le meilleur parti de nos signaux
grâce à diverses méthodes de trading, stratégies et
gestion des risques.

Visitez notre lien de camping si vous êtes intéressé à
rejoindre notre groupe de signaux VIP, nous avons
également une communauté gratuite sur telegram que
vous pouvez rejoindre à travers la page du groupe de
signaux VIP.

Rejoignez-nous ici

**Les signaux cryptographiques les plus rentables de 2021 et 2022**
Le Master Trading Signals Group est une équipe de traders hautement qualifiés qui sont actifs sur le marché des crypto-monnaies depuis 2012.

Nous avons décidé de créer une communauté sur Telegram, afin que vous puissiez apprendre de nos signaux précis de crypto-monnaies et discuter de tout ce qui concerne la crypto-monnaie avec notre communauté.
Rejoignez-nous ici

**Signaux VIP Crypto**

Notre équipe de traders chevronnés scrute et analyse les marchés cryptographiques 24 heures sur 24 pour que vous n'ayez pas à le faire.

Grâce à une combinaison d'analyses techniques approfondies, d'algorithmes d'IA et de recherche fondamentale.

Nous sommes constamment à la recherche des meilleures opportunités de trading pour nos membres.

**Signaux Crypto Profitable**

Notre objectif est d'atteindre 500 signaux de haute qualité par mois pour le trading de diverses cryptocurrences.

9

**Une analyse technique précise**
Notre objectif est de fournir une précision moyenne de
70 % sur nos signaux.

**Objectifs de Stop/Loss et de levier**
Nous indiquons clairement le Stop/Loss, l'effet de levier
suggéré et les objectifs de profit pour chaque signal.

**En rejoignant notre groupe VIP, vous débloquez une
tonne de connaissances et d'expériences de nos
traders, avec un petit paiement mensuel, vous
rejoignez l'ÉLITE !**

Consultez notre site si vous souhaitez rejoindre notre
communauté et gagner de l'argent grâce à des signaux
de trading fiables !

Rejoignez-nous ici

Inscrivez-vous à notre liste de diffusion si vous
souhaitez recevoir des mises à jour hebdomadaires sur
les nouvelles importantes liées à la crypto et à
l'investissement, nos cours et notre communauté !

# Table des matières

# Comment acheter des crypto-monnaies ?

L'achat d'une crypto-monnaie peut se faire sur de nombreuses plateformes différentes de nos jours. En ce qui nous concerne, Bitfinex, Coinbase et Binance se démarquent nettement de toutes les autres.

Si vous optez pour un service de confiance et une plateforme facile à comprendre, choisissez Coinbase. Si vous optez pour la rapidité et êtes prêt à payer des frais plus élevés, choisissez Bitfinex. Si vous êtes plus avancé et souhaitez pouvoir négocier des pièces inconnues et des contrats à terme Binance, choisissez Binance.

Nous allons expliquer la méthode pour Binance car il s'agit de notre plateforme la plus utilisée et les deux autres plateformes ont un processus très similaire pour acheter des cryptocurrences.

**Comment acheter des crypto-monnaies sur Binance ?**

Acheter des crypto sur Binance n'est pas facile si vous le faites pour la première fois. Dans le cas où vous débutez, il est sage d'obtenir votre crypto par le biais de coinbase.

Bien sûr, il se pourrait que coinbase ne vende pas votre crypto-monnaie préférée et que Binance le fasse, Binance a également la possibilité de négocier des contrats à terme Binance. Dans ce cas, cela ne fera pas de mal d'apprendre exactement comment l'achat de crypto sur Binance fonctionne. Dans ce chapitre, nous allons vous expliquer les bases absolues dont vous avez besoin.

Il est préférable de commencer par suivre les étapes du résumé une par une.

**Instructions d'achat**

1. Enregistrez votre compte
2. Cliquez sur "Acheter des crypto-monnaies" en haut de la page et choisissez "Dépôt bancaire".
3. Choisissez votre prestataire de paiement et saisissez le montant que vous souhaitez déposer.
4. Attendez un maximum de 5 minutes jusqu'à ce que votre argent ait été déposé.
5. Sur Binance, allez dans " Convertir " et convertissez votre argent en bitcoin. Vous pouvez également acheter des crypto-monnaies directement avec des euros, mais la plupart des crypto-monnaies sont achetées avec des bitcoins sur la plateforme Binance.
6. Vous pouvez conserver ce bitcoin ou l'utiliser pour racheter votre crypto-monnaie préférée.

Félicitations ! Vous êtes maintenant en possession de votre crypto-monnaie préférée !

**Étape 1. Inscrivez-vous gratuitement sur Binance**

Pour acheter des crypto-monnaies sur Binance, vous devez d'abord créer un compte. Cette opération est totalement gratuite. Après avoir rempli vos coordonnées. Vous recevrez alors un e-mail de Binance pour confirmer votre adresse e-mail. Binance vous donnera un avertissement pour activer Google Authenticator.

Il est très important de le faire. Nous expliquons à la fin du chapitre ce qu'il en est et comment le mettre en place. Si vous souhaitez simplement acheter votre crypto dès que possible, vous pouvez également le faire plus tard. Dans ce cas, cliquez sur "Sauter pour le moment".

### Étape 2. Transférez l'argent par l'intermédiaire de votre fournisseur de services de paiement

Une fois votre inscription terminée, vous serez dirigé vers l'écran suivant, comme le montre l'écran imprimé ci-dessous. Il s'agit de la page principale de Binance. Il est maintenant temps de déposer des euros sur Binance, afin que vous puissiez ensuite utiliser ces euros pour acheter votre cryptocurrency préférée.

Pour ce faire, cliquez sur "Acheter des crypto-monnaies", puis sur "Dépôt bancaire", comme le montre également l'écran d'impression.

### Étape 3. Remplissez le formulaire.

Une fois que vous avez cliqué sur "Dépôt bancaire",
vous accédez à un nouvel écran. Il s'agit du formulaire
de transaction. Ici, vous choisissez votre fournisseur de
paiement comme méthode de paiement, puis vous
indiquez le montant que vous souhaitez déposer sur
votre compte Binance. Vous devez également indiquer
à partir de quelle banque ou carte vous souhaitez
effectuer un dépôt.

Veuillez noter que la banque à partir de laquelle vous
effectuez votre dépôt doit être au même nom que votre
compte Binance. C'est malheureusement nécessaire,
car sinon il devient très facile pour les criminels
d'utiliser les crypto pour blanchir leur argent. Enfin,
vous cliquez sur Continuer.

## Étape 4. Attendez que votre argent soit en jeu

L'étape la plus facile de ce tutoriel ! Il faudra au
maximum 5 minutes pour que votre argent apparaisse
sur votre compte Binance.

Malheureusement, si votre compte bancaire est à un
nom différent de celui de votre compte Binance, il
n'apparaîtra pas sur votre compte. Binance déposera
l'argent sur votre compte le jour même, sauf le week-
end.

La meilleure chose à faire alors est de créer un nouveau
compte avec le nom qui correspond au nom sur lequel
votre compte bancaire est enregistré.

## Étape 5. Convertissez votre argent en bitcoins

L'argent est maintenant sur votre compte Binance et nous voulons d'abord le convertir en bitcoins. Pourquoi ? Parce que sur Binance, vous ne pouvez pas acheter toutes les crypto-monnaies avec de l'argent ordinaire pendant une longue période. Pour ce faire, retournez d'abord sur la page principale de Binance. Ensuite, vous cliquez sur " Trade ", puis sur " Convert ".

Sur l'écran suivant, sous l'intitulé "De", sélectionnez votre devise FIAT et cliquez sur "Max". Si tout va bien, vous verrez déjà Bitcoin dans la rubrique "Vers".

Pour continuer, cliquez sur "Aperçu de la conversion". Vous verrez maintenant combien de bitcoins vous recevrez pour votre dépôt. Pour terminer la transaction, cliquez sur "Convertir". Si le bitcoin est la crypto-monnaie de votre choix, félicitations ! Veuillez lire les dernières étapes pour apprendre comment acheter d'autres pièces.

## Étape 6. Achetez votre crypto préférée avec des bitcoins

Maintenant que votre argent a été converti en bitcoins, vous pouvez acheter toutes les crypto-monnaies disponibles sur Binance. Pour ce faire, allez dans " Convertir " à nouveau via " Échanger ".

La seule différence avec l'étape 5 est qu'à la rubrique "De", au lieu de votre devise FIAT, vous sélectionnez Bitcoin et à la rubrique "Vers", vous sélectionnez votre devise cryptographique préférée. En outre, vous cliquez à nouveau sur "Max", "Aperçu de la conversion", puis "Convertir".

Félicitations ! Vous avez réussi à acheter votre crypto préférée !

**Sécuriser votre crypto**
Acheter des crypto-monnaies est la partie la plus facile de cette histoire. Vous êtes maintenant arrivé à la partie difficile, la sécurisation de votre crypto. C'est malheureusement un peu plus délicat. Bien que tous les échanges de crypto-monnaies comme Bitvavo et Binance soient incroyablement bien sécurisés, il est important de faire votre part aussi. Nous vous recommandons d'acheter des crypto-monnaies uniquement sur les plateformes d'échange. Si vous préférez également y stocker des crypto-monnaies, vous devez activer 2FA Authenticator.

**Google 2FA Authenticator**
Je suppose ici que l'achat de crypto a été un succès et que vous souhaitez protéger vos gains des pirates informatiques. La même chose s'applique ici que dans le reste de l'article. Tout d'abord, essayez de mettre en place la sécurité en suivant les étapes ci-dessous et si cela ne fonctionne pas, consultez le tutoriel détaillé.

Le 2FA Google Authenticator est un programme qui génère un code aléatoire à 6 chiffres toutes les quelques secondes.

Ce système fonctionne sur la base de l'heure définie sur votre téléphone (ou tout autre appareil sur lequel vous avez installé l'application). Cette sécurité supplémentaire est pratiquement impossible à pirater. Si vous avez mis en place ce système, un pirate n'aura pas besoin de votre mot de passe.

**Résumé**

1.  Allez sur Google Play ou l'App Store pour installer l'application.
2.  Ouvrez l'application, cliquez sur le signe plus dans le coin inférieur droit et appuyez sur "scanner le code QR". Vous allez l'appliquer plus tard à l'étape 5.
3.  Pour les étapes suivantes, vous devez vous rendre sur le site d'échange où vous souhaitez configurer le système 2FA et accéder à la page du système 2FA Google Authenticator. Cela se trouve généralement dans votre profil sous les paramètres de sécurité. Nous utilisons Binance dans cet exemple.
4.  Sur Binance, allez dans "Paramètres", puis cliquez sur "Activer" en haut sous "Authentification à deux facteurs".

5. Entrez votre mot de passe et cliquez sur "Continuer".
6. Scannez le code QR avec votre téléphone.
7. Vous pouvez choisir de scanner le code QR avec plusieurs appareils sur lesquels vous avez installé l'application. De cette façon, vous avez toujours une sauvegarde au cas où vous perdriez votre téléphone. Nous vous le recommandons vivement !
8. Si vous avez bien fait, vous avez maintenant un code à 6 chiffres en vue de Binance. Entrez-le dans le champ "Code 2FA" et cliquez sur "Continuer".

Félicitations ! Votre compte est beaucoup plus sûr ! Désormais, chaque fois que vous voudrez acheter des crypto-monnaies par le biais de Binance, vous devrez saisir ce code à 6 chiffres en plus de votre mot de passe lors de la connexion. C'est un petit effort supplémentaire, mais cela vaut vraiment la peine d'avoir l'esprit tranquille.

Vous ne savez jamais combien votre investissement en crypto pourrait valoir. C'est pour cette raison que la crypto est une cible très prisée des pirates informatiques. En outre, le type de bourse sur lequel vous vous trouvez n'a pas d'importance.

Partout où vous pouvez acheter des crypto-monnaies, vous pouvez également définir un authentificateur 2FA.

Alors faites-le aussi ! Cela fonctionne partout à peu près comme expliqué ici.

# Comment commencer à négocier ?

**Acheter des bitcoins et créer un profil (également expliqué au chapitre 1)**
*Sautez ce chapitre si vous savez comment il fonctionne, mais il contient des informations essentielles sur l'interface de négociation.*

La première étape consiste à créer un profil sur Binance. À partir de là, nous supposons que vous avez créé un profil auprès d'un échange en ligne et que vous avez acheté votre ou vos premiers bitcoins. L'adrénaline coule dans votre corps !

Vous faites enfin partie de la communauté crypto ! Mais maintenant, que faire ? Que faire de ce bitcoin ?

Votre bitcoin est sur Binance (ou un autre échange), mais vous voulez en fait acheter une autre crypto-monnaie. Comment allez-vous vous y prendre ?

Dans ce chapitre, nous supposerons, pour des raisons de commodité, que vous souhaitez acheter des NEO. Bien entendu, l'explication est applicable à toute autre cryptocurrency.

Ne vous inquiétez pas. Il est vrai que Binance (comme tout autre marché boursier) peut sembler assez intimidant au début.

Partout où il y a des chiffres, on voit des couleurs et certains chiffres bougent continuellement. Ne laissez pas cela vous effrayer, car une fois que vous avez compris, c'est incroyablement simple.

Dans cet exemple, nous voulons acheter des NEO, vous devez donc indiquer le nombre dans le coin supérieur droit, puis cliquer sur NEO/BTC. Si vous voulez acheter une autre crypto-monnaie, faites-le pour la pièce concernée.

**Qu'est-ce que tu vois ?**
Les trois principaux domaines que vous voyez sont :
1. Le graphique, qui montre le prix actuel et l'historique des prix de NEO par rapport au bitcoin, est le suivant
2. Le carnet d'ordres, qui contient tous les ordres d'achat et de vente actuels de toute personne effectuant des transactions entre NEO et Bitcoin.
3. Le formulaire de commande, où vous pouvez indiquer à quel prix vous souhaitez acheter ou vendre des NEO.

**1 - Le graphique**

Ce qui ressort le plus, c'est le graphique. Il montre le prix actuel des NEO (exprimé en BTC) et tous les niveaux de prix passés.

Le graphique est formé par des chandeliers et il est traversé par quelques lignes qui sont utiles si vous négociez beaucoup de crypto.

Vous pouvez en apprendre beaucoup plus à ce sujet dans notre cours sur le trading de crypto où nous entrons en profondeur dans les détails et les stratégies de trading, en outre, vous apprendrez également comment reconnaître les modèles et répondre aux fluctuations du marché, mais ce n'est pas important pour le moment.

Pour un simple achat/vente de NEO, ce graphique n'est pas forcément pertinent. Cependant, il est important de savoir comment le prix des NEO est établi et tout cela se passe dans le carnet d'ordres.

## 2 - Le carnet de commandes

Le carnet de commandes semble très intimidant au début. Toutes sortes de lignes avec des chiffres qui changent constamment. N'ayez crainte, ce n'est pas aussi difficile qu'il n'y paraît au premier abord. Le carnet d'ordres est constitué, comme son nom l'indique, de tous les ordres qui sont actifs à ce moment-là.

Un ordre est un accord qu'un trader passe pour acheter ou vendre une certaine quantité de NEO à un certain prix. En fait, quelqu'un dit : si les NEO atteignent le prix de 0,002324 bitcoin dans le futur, je veux en vendre 7.

Ensuite, il ferme son ordinateur portable, se met au travail et si, pendant qu'il ne regarde pas, un autre négociant se présente et veut les acheter pour ce montant, alors ils ont fait une bonne affaire.

Le carnet d'ordres se compose donc de deux moitiés : le côté achat et le côté vente.

La partie inférieure est celle où les traders achètent des NEO en échange de bitcoins et la partie supérieure est celle où les traders vendent des NEO en échange de bitcoins. Là encore, ils sont divisés en 3 colonnes :
Le prix (BTC) est le prix en bitcoins auquel les traders sont prêts à acheter ou à vendre des NEO.
Le montant (NEO) est le nombre de NEO que les négociants sont prêts à acheter ou à vendre pour ce seul prix.

Total (BTC) est la valeur totale des NEO exprimée en Bitcoin que les traders sont prêts à acheter ou à vendre à ce prix. C'est la valeur du nombre de NEO indiqué à Montant (NEO).

Un autre terme qu'il est utile de connaître est le slippage. Il s'agit de la différence entre le prix le plus cher auquel les traders sont prêts à acheter des NEO (0,002320) et le prix le moins cher auquel les traders sont prêts à vendre leurs NEO (0,002324).

Ainsi, le slippage est de 0,0000004 BTC. Pour les petits montants, le slippage est négligeable, mais lorsqu'il s'agit de transactions importantes ou nombreuses, cela peut s'additionner de manière assez importante. Maintenant que vous avez une idée de la manière dont le prix est établi, vous pouvez aller acheter votre premier NEO sur le formulaire de commande !

### 3 - Le bon de commande

Le formulaire de commande est l'endroit où vous décidez de la quantité de BTC pour laquelle vous voulez acheter des NEO. En haut à gauche, vous verrez deux termes : "Limite" et "Marché".

### Marché

Si vous choisissez "Marché", cela signifie que vous choisissez d'acheter des NEO au prix le plus bas auquel les négociants sont prêts à vendre leurs NEO.

Dans l'exemple que nous utilisons, cela correspond au prix de 0,002324 bitcoin. Le grand avantage de cette méthode est que vous obtenez vos NEO immédiatement et ne courez donc pas le risque que le prix change soudainement de direction.

Pour le vrai débutant, c'est donc également recommandé. Avant d'acheter NEO, il vous suffit de faire quelques calculs.

*Exemple : supposons que vous ayez 1 BTC et que vous souhaitiez l'investir intégralement dans NEO. Le carnet d'ordres indique que le prix du marché est de 0,002324 bitcoin. Donc, pour 1 bitcoin, vous pouvez obtenir environ 430 (1/0,00776) NEO. Vous remplissez ce champ dans la rubrique "Montant" à gauche, du côté de l'achat.*

Cliquez ensuite sur "Acheter NEO" et félicitations ! Vous êtes l'heureux propriétaire de 430 NEO ! (La vente fonctionne exactement de la même manière. Dans ce cas, vous auriez alors vendu vos NEO pour 0,002320 Bitcoin - le prix le plus bas auquel les gens sont prêts à acheter des NEO - chacun).

L'inconvénient de cette méthode d'achat est qu'elle vous coûte de l'argent en "slippage". Il ne s'agit généralement pas d'une différence très importante, mais si vous voulez acheter ou vendre des crypto-monnaies plus souvent ou si de grandes quantités sont impliquées, cela peut représenter une somme considérable. Dans ce cas, il est plus pratique d'utiliser l'option "Limit".

**Limite**
La limite est un moyen un peu plus compliqué d'acheter ou de vendre. En gros, tu passes un ordre en disant : "Je veux acheter NEO, mais seulement à ce prix". Par exemple, si vous ne voulez pas perdre d'argent en raison d'un slippage, il vous suffit d'indiquer que vous souhaitez acheter des NEO uniquement pour 0,002320 bitcoin chacun.

Dans ce cas, vous achetez vos NEO à des personnes qui choisissent de vendre leurs NEO à la valeur du marché (comme expliqué ci-dessus) et vous obtenez environ 431 (1/0,002320) NEO pour votre bitcoin. C'est une différence de NEO entière juste à cause du slippage. Vous pouvez également considérer que vous voulez réellement 450 NEO.

Dans ce cas, vous pouvez payer un maximum de 0,00222 (1/135) Bitcoin par NEO. Si cet ordre est exécuté, vous aurez 450 NEO au lieu des 430 de la valeur de marché :

Bien sûr, cela n'est pas sans risque. Avec l'ordre à cours limité, vous devez attendre que le prix baisse effectivement jusqu'au prix que vous voulez payer. Il y a toujours une chance que personne ne vende jamais au prix que vous avez en tête et que votre ordre ne soit jamais exécuté.

Plus vous fixez le prix bas, plus cette chance est élevée. Les traders de crypto-monnaies savent estimer le meilleur prix pour acheter et le meilleur prix pour vendre. Si vous envisagez d'acheter beaucoup de crypto-monnaies, il est conseillé de vous familiariser avec cette technique, car elle peut vous faire économiser beaucoup d'argent.

Notre cours sur le trading des crypto-monnaies a été écrit spécialement dans ce but. Il est utile d'en maîtriser les bases dans tous les cas, quand on sait que la blockchain va assurer la liberté de la valeur.

Cela donnera sans aucun doute un grand coup de pouce au trading en général et de cette façon, vous aurez au moins maîtrisé les bases.

# Quelle est la différence entre les opérations sur marge et les opérations au comptant ?

### Négociation au comptant

Le trading au comptant signifie "sur place". Cela signifie que VOUS êtes le propriétaire complet de la crypto elle-même. Ainsi, si vous possédez un bitcoin, vous pouvez le vendre au prix actuel et le racheter si vous le souhaitez. Pour des raisons de commodité, nous supposerons qu'un bitcoin vaut 10 000 dollars.
Donc, le commerce sur place !

### Opérations sur marges

Le trading sur marge est un trading avec des contrats. Cela semble compliqué mais ce n'est pas si grave. Vous achetez des contrats qui prédisent si le prix va monter ou descendre. Souvent, ces contrats, dans le cas du bitcoin, valent 1 dollar chacun.

Si le prix du bitcoin monte ou descend, et que vous l'avez prédit correctement, vous pouvez échanger les contrats contre votre argent + un bénéfice basé sur le risque que vous avez pris. Le risque pris est votre marge.

Dans le trading sur marge, le maintien d'une position de trading coûte de l'argent. Vous payez un taux de financement. On peut penser à 0,02% de votre position de trading pour chaque 8 heures où la position est ouverte.

**Exemple de négociation sur marge**
Imaginez donc que vous ayez une marge de 10. C'est un effet de levier de x10.

Alors, si votre dépôt est de 0,1 bitcoin, vous avez une position de 1 bitcoin. Après tout, votre dépôt de 0,1 x 10 fait 1.
Ce 0,1 bitcoin est appelé votre garantie.

C'est l'argent avec lequel vous jouez. Et vous pouvez perdre cet argent par liquidation si le prix atteint un certain point qui va à l'encontre de votre prédiction.

Il est possible d'éviter ce genre de situation en appliquant des seuils de perte stricts et en adoptant une bonne stratégie de gestion des risques. Il est donc important d'avoir un bon plan de trading pour vous-même. Nous y reviendrons plus tard.

**Swing trading**
Le Swing trading est un trading sur des périodes un peu plus longues. Ici, tout comme dans le cas du spot trading, vous êtes réellement en possession des crypto-monnaies.  Vous ne payez pas de taux de financement, comme dans le cas du trading sur marge. Avec le swing trading, vous pouvez également choisir de négocier sur marge. Dans ce cas, vous payez un taux de financement, comme expliqué à la rubrique Trading sur marge.

# Que sont les contrats à terme sur les bitcoins et les crypto-monnaies ?

Le terme "Bitcoin futures" n'est pas forcément la traduction littérale de "Bitcoin futur", mais qui sait, on n'en est pas loin. Ce n'est pas Bitcoin 2.0, mais c'est une façon différente d'aborder le trading des bitcoins et autres crypto-monnaies. Dans ce chapitre, nous vous ferons découvrir en détail ce que sont exactement les futures Bitcoin/cryptocurrency et comment ils fonctionnent et vous pouvez gagner de l'argent avec eux.

Nous vous dirons ce qu'il faut prendre en compte et quelles sont vos opportunités et menaces dans cette façon de trader. Prenez donc un coca, un red bull ou un babeurre et asseyez-vous, lisez et détendez-vous. Laissez-nous vous inspirer et/ou vous informer, afin que vous puissiez prendre une décision mûrement réfléchie quant à la méthode de négociation qui vous convient le mieux.

Attention : gardez à l'esprit que les explications et commentaires qui suivent ne peuvent en aucun cas être considérés comme des conseils. C'est à vous, et à vous seul, qu'il appartient de décider si et de quelle manière vous souhaitez négocier des crypto-monnaies et quels choix vous allez faire en matière d'achat et de vente. Nous ne sommes pas des conseillers financiers.

**Que sont exactement les contrats à terme ?**

33

Pour avoir une idée de ce que sont exactement les contrats à terme, il n'y a pas de mal à faire d'abord un zoom sur la façon "normale" de négocier des bitcoins ou de négocier en général. Lorsque ce concept est clair, il est également plus facile d'appréhender le concept des contrats à terme. Faisons donc d'abord un zoom sur le trading normal.

**La méthode "normale" de négociation : la négociation au comptant.**

Comme vous avez pu le voir dans la vidéo, le prix des actions peut augmenter ou diminuer de manière significative. En général, il s'agit d'une conséquence de l'offre et de la demande. Imaginez un instant une situation dans laquelle vous vous promenez dans un supermarché et vous avez envie d'acheter une bouteille d'eau.

Vous vous dirigez vers le rayon où vous avez le choix entre quatorze marques différentes, quatre-vingts tailles différentes, avec ou sans gaz carbonique, avec une touche de citron vert, de citron, de grenade, de raisin ou tout simplement sans saveur.

Il y a une raison pour laquelle vous ne voulez pas payer dix euros pour un demi-litre d'eau. L'offre est énorme et si le prix est trop élevé, il suffit de se diriger vers la caisse sans bouteille d'eau et de se mettre la tête sous le robinet à la maison. Pas vrai ?

La situation est bien différente lorsque vous faites une croisière à la voile avec vos amis près des Fidji et que le mât se rompt. Pendant des jours, vous flottez tous les quatre, seuls et désolés, sur un immense océan. Au bout du troisième jour, vous avez perdu toute l'eau et toute la nourriture que vous aviez apportées.

Vous êtes plus mort que vivant. À l'horizon, vous voyez apparaître un bateau et les hommes du navire ont deux bouteilles d'eau qui traînent. Vous avez de l'argent sur vous, mais vous avez un besoin aigu de l'eau pour rester en vie. Avec un sourire, vous tapez 100 $ pour exactement la même bouteille d'eau que vous payez moins de 1,50 $ au supermarché.

**Cela s'appelle l'offre et la demande.**
Lorsque vous vous livrez "normalement" à des transactions, vous achetez généralement un produit ou une partie d'une entreprise. Lorsqu'une entreprise ou un produit se porte bien, davantage de personnes veulent une part des bénéfices. Lorsque les choses vont mal pour l'entreprise, les gens préfèrent vendre leurs actions, pour éviter que la part qu'ils possèdent ne perde de sa valeur.

Plus il y a de demande pour une action, plus le prix augmente. Vous pouvez simplement demander beaucoup plus pour un produit lorsque le monde entier le réclame à cor et à cri, que lorsque personne ne l'attend. À l'inverse, lorsqu'il y a une offre énorme (tout le monde veut se débarrasser d'une action), mais qu'il n'y a que quelques parties intéressées pour vous prendre l'action, le prix s'effondrera et des prix plancher seront atteints.

Dans la pratique, les cours augmentent généralement de petits pourcentages et baissent de petits pourcentages. Les fusions, les nouvelles technologies, les développements au niveau macro (guerres, accords commerciaux, crise pétrolière, etc.), ainsi qu'une crise boursière générale, entraînent parfois des fluctuations de prix relativement fortes.

**La méthode de négociation "à terme".**

Alors que vous remarquez normalement que la valeur de vos actions augmente ou diminue et que votre portefeuille prend donc également de la valeur, les contrats à terme sont beaucoup plus axés sur la prévision correcte de l'évolution du prix. En d'autres termes : vous n'intervenez pas lorsque le prix est bas et croisez les doigts en espérant que le prix va augmenter, mais vous pouvez intervenir à tout moment et indiquer si vous vous attendez à ce que le prix augmente ou diminue. Ainsi, vous n'achetez pas vraiment une cryptomonnaie, mais vous faites plutôt une prédiction sur l'évolution du prix.

De cette façon, vous pouvez également gagner beaucoup d'argent lorsqu'une entreprise perd de la valeur, ce qui est très différent de la façon "normale" de négocier. Dans le même temps, vous pouvez également perdre beaucoup d'argent lorsqu'une entreprise prend de la valeur. Tout est une question de capacité à l'évaluer correctement.

En outre, les contrats à terme sont souvent soumis à des "effets de levier". Nous y reviendrons plus tard. Il est important de comprendre que vous n'achetez pas une action ou un produit, mais que vous pariez votre argent sur la prédiction d'un prix.

### Que sont donc les contrats à terme sur les bitcoins et les crypto-monnaies ?

Fondamentalement, vous concluez un contrat à terme dans lequel vous acceptez d'acheter ou de vendre des bitcoins pour un certain montant à un moment convenu à l'avance. En pratique, c'est généralement plus simple que cela, car il s'agit plutôt de la position que vous prenez sur un tel contrat dans l'intervalle.

### Comment fonctionne la négociation de contrats à terme ?

Les contrats à terme ne sont pas un produit en soi, mais plutôt un dérivé d'un produit. Si vous pensez que le prix du bitcoin va augmenter, vous prenez une position longue. Vous réaliserez alors un bénéfice si le prix du bitcoin augmente effectivement.

Si vous vous attendez à ce que le prix du bitcoin baisse, vous prenez une position courte. Vous ferez un profit si le prix du bitcoin baisse effectivement.

Il est également possible de tirer parti des positions que vous prenez.

37

## Que sont les leviers ?

Le terme " effet de levier " a été brièvement abordé dans le chapitre précédent, mais nous allons à nouveau vous présenter ce concept.
Lorsque vous prenez une position, avec les futures, il est possible d'utiliser un effet de levier. Vous amplifiez ainsi l'effet de votre position par 2, 5, 10, 25, 50 ou 100 fois. Ainsi, si vous prenez une position qui vous donnera un rendement de 15 $ après un certain temps, cet effet peut être renforcé par votre effet de levier.

Lorsque vous avez utilisé un effet de levier de 10x, vous ne gagnerez pas 15 $ avec cette transaction, mais vous gagnerez 15 $ x 10 = 150 $.

L'intérêt des contrats à terme est donc que vous pouvez obtenir un rendement relativement élevé avec un investissement relativement faible. Bien sûr, cela implique également le risque de l'effet de levier. Vous pouvez donc aussi perdre soudainement 10 x 15 $ = 150 $ si les choses vont dans l'autre sens. Si vous souhaitez en savoir plus sur les effets de levier et les risques qu'ils comportent, lisez également cet article !

De nombreuses plateformes appliquent une certaine marge, dans laquelle il y a une garantie que vous ne prendrez pas de positions (et d'effets de levier) que vous ne serez pas en mesure de payer. En fait, lorsque vous utilisez l'effet de levier, vous négociez une position virtuelle dont l'effet est amplifié sur le marché à terme. Supposons que vous concluez 10 contrats de 30 $, vous avez alors pris une position de 300 $. Si vous ajoutez un effet de levier de 100x, vous aurez pris une position de 30 000 $.

Bien sûr, vous comprenez que l'investissement dans les contrats à terme est un produit à haut risque. Par conséquent, vous pouvez réaliser de gros profits, mais aussi des pertes importantes. Pour cette raison, les contrats à terme sont généralement considérés comme un produit destiné aux traders les plus expérimentés.

Le montant du profit ou de la perte que vous réalisez lorsque le prix augmente ou diminue dépend d'un certain nombre de variables, notamment :

1. De combien le prix a augmenté ou diminué
2. La taille de la commande en termes de contrats
3. Le levier choisi

**Quand perdez-vous vos positions prises ?**

Cela se produit lorsque votre position a atteint votre limite stop-loss, ou lorsque votre position atteint la limite du prix de liquidation. La différence entre les deux est simple : vous définissez votre stop-loss comme une limite inférieure. Votre perte ne dépassera donc jamais cette limite. Si vous ne fixez pas de limite stop-loss, le prix de liquidation entre en jeu.

Si vous vendez à découvert le bitcoin à 9 000 $ avec un effet de levier de 10x, votre prix de liquidation sera de 9 900 $. Lorsque le prix du bitcoin dépasse le prix de 9

39

900 $, vous perdez toute votre position et tout l'argent que vous avez déposé pour cette position est également perdu.

Lorsque vous êtes short sur Bitcoin, plus le prix de liquidation est bas, plus vous avez de chances de perdre la totalité de votre dépôt. En effet, l'écart entre le prix initial et le prix que vous pouvez atteindre pour maintenir votre position est plus faible.

En général, la règle suivante s'applique : plus vous tenez compte de l'effet de levier, plus vite vous atteindrez le montant auquel vous perdrez votre position. Si vous utilisez un effet de levier très faible (ou nul), vous pouvez en théorie conserver une position déficitaire pendant des années, sans atteindre le prix de liquidation.

**Quelles sont les stratégies pour le trading à terme ?**

La stratégie que vous appliquez dépend souvent des facteurs temps, vision et objectif.

**Le facteur "temps".**
Le facteur temps est un facteur logique. Plus vous disposez de temps dans une journée pour négocier, plus vous pouvez effectuer de transactions.

Avez-vous un travail qui vous prend 12 heures par jour, où pendant la journée vous êtes assis à 12 mètres sous terre dans l'obscurité, sans aucun signal pour votre téléphone portable ? Dans ce cas, la probabilité que vous deveniez un daytrader très actif avec des dizaines de transactions par jour n'est pas très grande.

Si, au contraire, le day trading est devenu votre métier, si vous êtes constamment assis derrière votre écran à parcourir les graphiques, les derniers développements et les nouvelles du monde, alors cela correspondra beaucoup mieux à votre profil.

**Le facteur "Vision".**
Le facteur vision dépend principalement de votre propre vision de l'évolution d'un prix. Avez-vous pris une position longue (vous vous attendez donc à ce que le prix augmente) et constatez-vous un effet positif, mais vous attendez-vous à ce que cette tendance positive s'accentue encore ?

Ensuite, vous souhaitez maintenir votre position pendant une période plus longue. Vous pensez que le maximum a été atteint ? Dans ce cas, vous souhaitez vous débarrasser de votre position, afin de maximiser vos profits.

**Le facteur objectif**
Le facteur objectif dépend de la raison pour laquelle vous souhaitez négocier des contrats à terme. La réponse attendue est que vous pouvez gagner beaucoup d'argent en un court laps de temps. C'est vrai, bien sûr, mais il y a aussi d'autres possibilités.

Ainsi, les contrats à terme sont aussi régulièrement utilisés pour sceller ou atténuer un risque financier particulier. À titre d'exemple : Vous avez dans votre portefeuille un portefeuille de 10 bitcoins. Il s'agit de jetons que vous possédez réellement. Bien entendu, ce portefeuille peut prendre plus ou moins de valeur.

Vous espérez que le prix du bitcoin augmentera, ce qui augmentera la valeur du portefeuille, mais dans le même temps, vous pouvez choisir de prendre une "position courte" en bitcoin en plus de votre portefeuille.

En cas de baisse du prix du bitcoin, votre position courte vous permettra, même si votre portefeuille de 10 bitcoins perd de la valeur, d'amortir vos pertes car votre position courte sera rentable. Par conséquent, l'effet de toute augmentation ou diminution du prix a un effet moindre sur vos positions financières.

Il y a donc des traders qui prennent des positions pendant quelques secondes ou quelques minutes seulement. Par conséquent, leurs bénéfices sont relativement faibles et le nombre de transactions par jour (afin de réaliser des bénéfices importants par jour) peut être assez élevé. D'autres traders sont plus calmes et conservent leurs positions pendant une période plus longue.

Il y a aussi les traders qui utilisent les futures comme un effet d'atténuation, comme nous l'avons vu dans le paragraphe précédent. En fonction de votre objectif, de vos souhaits et de la mesure dans laquelle vous voulez et pouvez investir dans le trading de futures, il est important de déterminer et d'optimiser votre stratégie.

## Les avantages et les inconvénients des contrats à terme

De nombreux aspects ont été discutés à propos du trading de futures (Bitcoin & cryptocurrency). Nous allons vous présenter les avantages et les inconvénients les plus typiques de ce mode de trading.

### Les avantages

- Il est possible d'obtenir des rendements relativement élevés avec relativement peu d'argent, grâce à l'effet de levier.
- Il est possible de gagner de l'argent même lorsque le prix est en baisse, car vous n'achetez pas la crypto elle-même, mais un dérivé de celle-ci.
- Les contrats à terme offrent la possibilité d'atténuer le risque d'un portefeuille.
- Les frais et l'écart (différence entre les prix d'achat et de vente) sont relativement faibles pour les opérations à terme.
- Vous n'avez pas besoin d'avoir des pièces sur la bourse pour vos transactions.

### Les inconvénients

- En raison de l'effet de levier, vous pouvez perdre plus d'argent que votre dépôt total.
- En raison de l'effet de levier, les pertes peuvent rapidement s'accumuler.
- En raison de l'effet de levier, la négociation de contrats à terme exige généralement un degré élevé d'attention, car l'impact d'une variation de prix a beaucoup d'effet sur les positions prises.

Les contrats à terme sont donc un produit qui implique l'acceptation d'un profil de risque élevé. En outre, ils exigent beaucoup de connaissances et d'expérience. Par conséquent, les contrats à terme sont généralement mieux adaptés aux traders les plus actifs et les plus expérimentés.

**Avis de non-responsabilité supplémentaire**
Les contrats à terme sont et resteront des produits caractérisés par un risque élevé. Il est toujours important de bien comprendre le produit financier avant de décider d'en faire commerce. Par conséquent, renseignez-vous toujours auprès d'un spécialiste ou en parcourant toutes les informations disponibles sur les produits financiers d'un fournisseur. Il s'agit toujours de votre propre responsabilité.

*Attention : gardez à l'esprit que toutes les explications et précisions apportées dans cet article ne doivent en aucun cas être interprétées comme des conseils. C'est à vous, et à vous seul, qu'il appartient de décider si et comment négocier des crypto-monnaies et de faire vos choix en matière d'achat et de vente.*

*Nous ne pouvons vous fournir des signaux dans notre groupe VIP qu'avec une précision de 70 % en moyenne, ce qui signifie qu'avec un bon plan de gestion des risques, vous avez de solides chances de faire beaucoup de bénéfices.*

# Négociation de contrats à terme sur Binance

**Qu'est-ce que c'est, déjà, le futur ?**
En bref, les futures sont un dérivé du prix d'une crypto. Au lieu d'acheter une crypto (comme dans le cas d'une négociation normale), lorsque vous négociez des contrats à terme, vous pariez de l'argent sur une prédiction du prix.

Il s'agit donc d'une différence importante et il est important que vous en soyez conscient.

Dans ce chapitre, nous supposons que vous avez des connaissances de base sur les contrats à terme et le trading de contrats à terme. Sinon, avant de poursuivre votre lecture, jetez un coup d'œil au chapitre précédent. Dans le chapitre que vous lisez maintenant, nous nous concentrerons principalement sur l'application pratique du trading de futures sur Binance.

**Comment ouvrir un compte à terme chez Binance ?**
Pour ouvrir un compte futur chez Binance, vous devez d'abord avoir un compte Binance "normal". Vous n'avez pas encore de compte Binance ? Alors enregistrez-vous sur Binance et seulement ensuite suivez le plan étape par étape.
Connectez-vous à votre compte Binance.

**Cliquez sur "Futures" dans la barre en haut.**

Saisissez le code de parrainage UV7XYBFZ dans le coin inférieur droit de la fenêtre "Ouvrir un compte Futures" pour bénéficier d'une réduction de 10 % sur vos frais de transaction.
Cliquez sur "Ouvrir maintenant".
C'est fait !

Vous n'arrivez pas à trouver quelque chose ? Alors regardez la vidéo ci-dessous, réalisée par Binance lui-même. N'oubliez pas d'entrer votre code de référence, sinon vous n'obtiendrez pas la réduction et vous ne pourrez pas l'ajouter plus tard.

**Pourquoi est-il important d'ajouter un identifiant de référence ?**

Lorsque vous ajoutez notre identifiant de parrainage, vous bénéficiez d'une réduction de 10% sur les frais de transaction pour toutes vos transactions effectuées sur les contrats à terme de Binance. Cela peut représenter une somme considérable au fil du temps, surtout si vous effectuez de nombreuses transactions sur la plateforme de contrats à terme de Binance.

**Comment déposer de l'argent sur votre compte à terme chez Binance ?**

Maintenant que vous avez créé votre compte et que vous avez bénéficié d'une réduction de 10 % sur vos frais de transaction, vous voulez bien sûr commencer à faire quelque chose avec votre futur compte.

Pour commencer, vous devez d'abord transférer de l'argent de votre compte Binance vers votre compte de contrats à terme Binance.

Heureusement, ce processus est également très simple grâce au plan étape par étape.

Cliquez sur "Transfert" dans le coin inférieur droit. Choisissez le montant de USDT que vous souhaitez transférer de votre compte Binance vers votre compte de contrats à terme Binance.
Cliquez sur "Confirmer le transfert".
C'est fait !

**Comment fonctionne l'interface des contrats à terme de Binance ?**

Si vous n'êtes pas encore habitué au trading, un écran rempli de chiffres verts et rouges qui sautent peut sembler un peu impressionnant. L'interface des contrats à terme Binance en est remplie. Cela rend l'ensemble un peu chaotique, mais cela signifie que vous avez tout à portée de main et que vous pouvez obtenir vos informations en un clin d'œil. L'écran peut être divisé en 6 composants. Nous allons expliquer brièvement chacun d'entre eux.

La barre de menu en haut. Ici, vous avez :
1. La possibilité de régler l'appariement (par défaut BTCUSDT).

2. La fonctionnalité permettant d'augmenter ou de diminuer votre effet de levier (par défaut 20x).
3. Le prix de négociation et le dernier prix du marché.
4. Les dernières statistiques sur 24 heures.

Le graphique avec les mouvements de prix.
Basculez dans le coin supérieur gauche entre différents intervalles de temps ou dans le coin supérieur droit entre la vue intégrée ou la variante TradingView.

 L'ensemble de votre portefeuille, vos ordres ouverts, votre historique, le solde de vos marges et toutes vos positions se trouvent dans cette section.

**Les données du carnet d'ordres (en direct).**

Vous pouvez augmenter le niveau de détail (par défaut 0,1), afin de suivre le carnet de commandes arrondi aux unités entières uniquement.

La vue en direct de toute l'activité de négociation sur le marché à terme pour la crypto en question.

C'est là que vous saisissez vos ordres d'achat et de vente. C'est également là que vous pouvez transférer de l'argent vers et depuis votre compte de contrats à terme.

**Comment négocier des contrats à terme sur Binance ?**
Vous pouvez actuellement travailler avec quatre types de commande différents :

49

- Ordre à cours limité
- Ordre du marché
- Ordre d'arrêt limite
- Ordre stop-marché

Nous vous présentons les différents types de commandes, afin que vous sachiez ce qu'elles signifient et que vous ayez une meilleure idée des différentes options.

**Ordre à cours limité**

Avec un ordre à cours limité, vous déterminez vous-même une limite de prix. L'ordre est ensuite placé dans le carnet d'ordres au prix que vous avez spécifié. La transaction n'est exécutée que lorsque le cours du marché atteint ce prix. Il est donc possible d'utiliser les ordres à cours limité pour acheter à un prix inférieur au cours actuel du marché ou, inversement, pour vendre à un prix supérieur au cours actuel du marché.

**Ordre du marché**

Un ordre au marché fonctionne de manière légèrement différente. Contre une petite commission, vous placez un ordre d'achat ou de vente au prix le plus favorable à ce moment-là. Un ordre au prix du marché est placé immédiatement au prix le plus favorable à ce moment-là et est enregistré dans le carnet d'ordres comme un ordre limité.

**Ordre stop-limite**

Maintenant, cela devient un peu plus compliqué. Un ordre stop-limite se compose en fait de deux éléments, à savoir le "prix stop" et le "prix limite". Le prix stop est le "déclencheur", qui entraîne l'inscription de votre ordre dans le carnet d'ordres (au prix limite que vous spécifiez également).

Bien que les prix stop et limite puissent être identiques, ce n'est pas une obligation. En fait, il est plus sûr de fixer le prix stop (le prix de déclenchement ou d'activation) légèrement supérieur au prix limite pour les ordres de vente ou légèrement inférieur au prix limite pour les ordres d'achat. Cela augmente la probabilité que votre ordre limite soit exécuté après avoir atteint le prix stop.

**Ordre stop-marché**
L'ordre stop-marché est similaire à l'ordre stop-limite, à la différence que lorsque le prix stop est atteint, un ordre au marché est automatiquement placé au lieu d'un ordre limite.

**Comment ajuster les effets de levier chez Binance ?**
L'effet de vos transactions est amplifié par les leviers. Un effet de levier de 20x (la norme) signifie qu'avec 5 USDT, vous pouvez prendre une position de pas moins de 100 USDT.
Vous pouvez facilement ajuster les leviers en cliquant sur le chiffre 20X en haut. Vous faites ensuite glisser le curseur vers la gauche ou la droite, ce qui diminue (vers la gauche) ou augmente (vers la droite) l'effet de levier.

Gardez à l'esprit que plus votre position est importante, moins vous pouvez utiliser l'effet de levier. L'inverse est également vrai : plus votre position est petite, plus vous pouvez utiliser un effet de levier important, avec un maximum de 125x.

Plus votre effet de levier est important, plus le risque de liquidation de votre position est élevé. Il faut donc en tenir compte, surtout si vous êtes un débutant sur le marché des contrats à terme !

**Quels sont les dangers des opérations à terme ?**

Investir peut bien sûr être avantageux et très rentable, mais ce n'est pas sans risque. Vous pouvez perdre (une partie) de votre investissement.

C'est ainsi que se lit la clause de non-responsabilité financière obligatoire qui est imposée par l'AFM à toutes les parties financières qui s'occupent d'investissements et d'autres opérations financières.

De plus, le trading des crypto-monnaies est parfois très volatile. Alors que le dollar a connu une fourchette maximale de 10% au cours des dernières années, c'est le cas du bitcoin dont le prix peut se multiplier en quelques années ou même valoir une fraction de ce qu'il était. Avec cela, le potentiel est bien sûr sans précédent, mais les conséquences négatives possibles d'une évaluation incorrecte le sont tout autant.

Ajoutez à cela le fait que la négociation de contrats à terme (notamment en raison du facteur de levier) amplifie par définition chaque choix et son effet et vous remarquerez que cela va très vite. Trader des contrats à terme, c'est empiler les risques les uns sur les autres. Et cela doit vous convenir.

Dans tous les cas, veillez toujours à ne négocier qu'avec de l'argent que vous pouvez épargner. Le trading de crypto-monnaies (ou l'investissement en général) n'est bien sûr pas la même chose que les jeux d'argent, mais vous ne savez jamais avec certitude ce qu'un prix va faire ou quels développements au niveau macroéconomique vont influencer le prix.

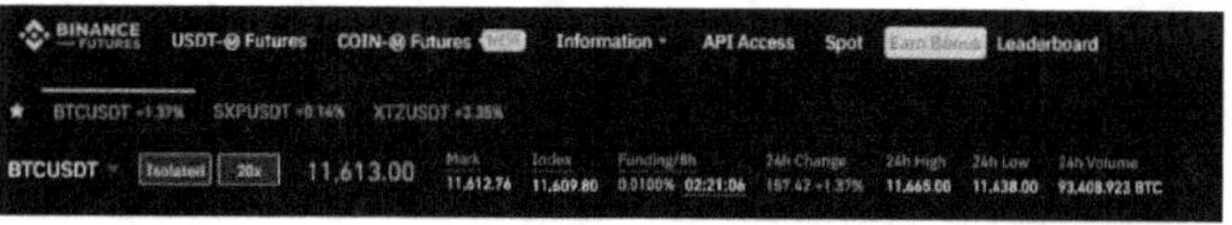

## Changer la croix en isolée (TRÈS IMPORTANT !)
En haut de la barre de page de votre trading de futures, "Cross" est activé par défaut.

Vous devez changer cela en "Isolé". Croix signifie que l'ensemble de votre portefeuille de Futures peut être utilisé en cas de perte. Et ce n'est pas ce que vous voulez. Avec "Isolé", seule votre mise est utilisée afin que vous puissiez perdre un maximum de votre mise si vous êtes liquidé.

Le reste de votre portefeuille de Futures restera intact.

Bien sûr, il ne faut pas que vous en arriviez au point d'être liquidé, mais juste pour être sûr, changez "Croix" en "Isolé".

Le mot "Isolé" apparaîtra alors en jaune en haut de votre écran.

**Ordre d'arrêt de limite ou de marché**

Le plus simple est de placer un ordre de marché stop dans les Futures et non un ordre stop limite, de sorte que votre transaction soit immédiatement fermée lorsque le prix de déclenchement est atteint.
N'oubliez pas - juste pour être sûr - de vérifier Reduce Only.
Lorsque vous êtes en position courte, vous remplissez dans Buy/Long sous Stop Market le prix de déclenchement avec lequel vous voulez fermer votre position courte.

Ce prix doit bien sûr être supérieur à votre entrée car vous avez ouvert un short.

Lorsque vous êtes en position longue, vous indiquez dans la rubrique Sell/Short sous Stop Market le "Trigger Price" avec lequel vous souhaitez clôturer votre position longue.

Ce prix doit être inférieur à votre entrée car vous avez ouvert un long (tout comme lorsque vous effectuez une transaction au comptant).

**Hedge Mode - qu'est-ce que cela signifie ?**

Vous avez également la possibilité de négocier en mode couverture sur les Futures de Binance et cela fonctionne plus facilement.
Cela signifie que vous pouvez ouvrir un Long et un Short en même temps pour la même pièce.

En revanche, lorsque vous êtes en mode couverture, vous n'avez pas besoin de cocher la case Réduire uniquement, car vous pouvez alors simplement clôturer une position longue ou courte à l'aide de la commande "Clôturer la position longue" ou "Clôturer la position courte".
Ensuite, votre transaction sera automatiquement réduite du nombre de pièces au prix que vous aurez indiqué.

Là encore, vous pouvez saisir le nombre de pièces et le prix, mais vous pouvez également utiliser la barre de défilement pour déterminer le nombre de pièces.

Pour clôturer (partiellement) votre transaction, saisissez le prix auquel vous souhaitez vendre et le nombre de pièces, puis appuyez sur Clôturer la position longue ou Clôturer la position courte.

Vous pouvez répéter cette opération plusieurs fois pour remplir plusieurs cibles.

**Vous devez changer cela pour chaque pièce que vous échangez pour la première fois !**
55

Il ne sera pas automatiquement ajusté pour toutes les pièces à la fois. L'effet de levier est également fixé à 20x par défaut. Faites attention à ce que vous ajustiez tout lorsque vous tradez une pièce sur les futures pour la première fois.

Soyez très attentifs ! !! Nous avons remarqué que Binance change parfois automatiquement Isolated en Cross, alors regardez toujours attentivement et ajustez à nouveau si nécessaire.

*Note :* *votre compte Futures est séparé de votre compte Spot. En cas de liquidation, seule votre mise (Isolated) ou le portefeuille de votre compte Futures (Cross) sera utilisé.*
*Il est conseillé de commencer avec un effet de levier de 3x maximum afin de pouvoir voir tranquillement comment cela fonctionne sans trop risquer.*

Nous tenons à souligner une fois de plus que vous ne devez pas être trop confiant et commencer avec un effet de levier de 3x.
Vous ne seriez pas le premier à faire des erreurs et à tout perdre en un rien de temps.

**Passer un ordre (long ou court)**
Si vous pensez que le bitcoin va augmenter, entrez les informations à gauche et appuyez sur Buy/Long.

Si vous pensez que le bitcoin est en train de baisser, remplissez les détails à droite et appuyez sur Vendre/Short.

Vous pouvez (comme pour la négociation au comptant) utiliser un ordre à cours limité ou un ordre au marché.

*Remarque : pour un ordre au marché, les frais facturés sur les contrats à terme sont nettement plus élevés que pour un ordre à cours limité.*

Avec la barre, vous pouvez choisir un certain pourcentage de votre portefeuille (comme au Spot) mais vous pouvez aussi remplir votre mise à la "Qté d'ordre".

Il est conseillé de garder un œil sur le **RRR (RiskRewardRatio)** et, bien sûr, de ne jamais faire le grand saut avec un effet de levier élevé.

Par exemple, si vous faites le grand saut avec un effet de levier de 100, il suffit que le bitcoin bouge de 1 % pour que vous soyez déjà liquidé.

**Prendre des bénéfices et réduire uniquement**

Lorsque vous êtes dans une transaction, vous pouvez vendre une partie (prise de bénéfice) et garder une partie pour un objectif plus élevé.

Lorsque vous avez ouvert un long et que vous voulez vendre sur un objectif, vous remplissez dans Sell/Short le prix auquel vous voulez vendre une partie et ensuite vous cochez "Réduire seulement".

Si vous avez ouvert un "short" et que vous voulez vendre sur un objectif, vous remplissez dans Achat/Long le prix auquel vous voulez vendre et vous cochez également "Réduire uniquement".

Réduire signifie uniquement réduire votre position actuelle afin de ne pas ouvrir accidentellement une transaction dans l'autre sens.

Ainsi, si vous avez une transaction longue de 1000 dollars ouverte et que vous vendez 2x 600 dollars sur vos cibles avec "réduire uniquement", vous ne pouvez pas soudainement être short avec 200 dollars.

Si vous n'aviez pas vérifié la réduction uniquement, cela aurait été le cas.

Si vous voulez vendre sur 2 ou 3 cibles, vous remplissez tout 2 ou 3x.

Mais n'oubliez pas de toujours cocher "Réduire uniquement" lorsque vous souhaitez arrêter votre transaction (partiellement ou complètement) avec un ordre à cours limité.

**Position fermée**

Pour fermer votre position rapidement et complètement, vous pouvez utiliser le marché de fermeture de position (à l'extrême droite de l'écran).

Dès que vous êtes dans une transaction, votre position apparaît sous cette barre et vous pouvez également suivre le pourcentage de profit (ou de perte) que vous avez sur cette position (PNL ROE %).

*PNL* = *Profit & Loss (vous trouverez ici le montant en USDT de votre profit ou de votre perte pendant la transaction).*
*ROE* = *Return on Equity (c'est le pourcentage de profit ou de perte pendant la transaction)*

Le prix de liquidation sera également mentionné afin que vous puissiez vérifier si les choses se passent toujours bien.
Au prix d'entrée, vous verrez à quel prix vous avez ouvert la transaction.

Si vous avez plusieurs entrées, le prix moyen du total sera indiqué dans le prix d'entrée.
Lorsque vous changez "Original" en "Tradingview" dans le coin supérieur droit de votre graphique, il y aura également une ligne horizontale qui indique si vous êtes dans une position courte (rouge) ou longue (verte) ainsi que votre profit ou perte en $ et %.

59

Sur le côté droit de la barre, vous verrez "Fermer la position" ou "Fermer toutes les positions" lorsque vous avez plusieurs transactions en cours.

Ici, vous pouvez fermer votre position directement avec le marché ou les cibles (et le nombre de pièces que vous voulez vendre par cible).

*Attention :* si vous appuyez sur Limite sans avoir préalablement indiqué le prix auquel vous souhaitez vendre, l'ordre sera vendu au prix actuel.

Vous pouvez donc sortir involontairement de votre transaction si vous ne renseignez pas d'abord le prix et le nombre de pièces.
Après cela, vous n'avez plus qu'à appuyer sur "Limit".

## Ordre d'arrêt de limite ou de marché

Le plus simple est de placer un ordre de marché stop dans les Futures et non un ordre stop limite, de sorte que votre transaction soit immédiatement fermée lorsque le prix de déclenchement est atteint.

**N'oubliez pas - juste pour être sûr - de cocher la case "Réduire uniquement".**
Lorsque vous êtes en position courte, vous remplissez dans Buy/Long sous Stop Market le prix de déclenchement avec lequel vous voulez fermer votre position courte.

Ce prix doit bien sûr être supérieur à votre entrée car vous avez ouvert un short.

Lorsque vous êtes en position longue, vous indiquez dans la rubrique Sell/Short sous Stop Market le "Trigger Price" avec lequel vous souhaitez clôturer votre position longue.

Ce prix doit être inférieur à votre entrée car vous avez ouvert un long (tout comme lorsque vous effectuez une transaction au comptant).

**Hedge Mode - qu'est-ce que cela signifie ?**

Vous avez également la possibilité de négocier en mode couverture sur les Futures de Binance et cela fonctionne plus facilement.

Cela signifie que vous pouvez ouvrir un Long et un Short en même temps pour la même pièce.

En revanche, lorsque vous êtes en mode couverture, vous n'avez pas besoin de cocher la case Réduire uniquement, car vous pouvez alors simplement clôturer une position longue ou courte à l'aide de la commande "Clôturer la position longue" ou "Clôturer la position courte".

Ensuite, votre transaction sera automatiquement réduite du nombre de pièces au prix que vous aurez indiqué.

Là encore, vous pouvez saisir le nombre de pièces et le prix, mais vous pouvez également utiliser la barre de défilement pour déterminer le nombre de pièces.

Pour clôturer (partiellement) votre transaction, saisissez le prix auquel vous souhaitez vendre et le nombre de pièces, puis appuyez sur Clôturer la position longue ou Clôturer la position courte.

Vous pouvez répéter cette opération plusieurs fois pour remplir plusieurs cibles.

**Négociation de contrats à terme sur mobile**

Bien qu'il soit fortement déconseillé de faire des transactions sur son téléphone, nous sommes conscients que de nombreuses personnes le font régulièrement.

Comme les écrans de Futures sont un peu différents de l'écran de votre ordinateur portable ou PC, vous trouverez ci-dessous les informations avec des exemples sur votre mobile.
Le réglage de "isolé" et de l'effet de levier que vous avez bien sûr réglé sur votre ordinateur portable ou PC.

Sur un téléphone portable, tout est un peu plus compact.

En bas, vous cliquez sur "Marchés", puis en haut sur "Futures" et ensuite vous cherchez la pièce de votre choix (en haut à droite).

62

Lorsque vous vérifiez l'astérisque derrière la pièce, il devient jaune et la pièce apparaît dans les Favoris.

Dans cet exemple, SXP a été ajouté aux Favoris.
Pour négocier SXP, cliquez sur SXP et ensuite sur "Ouvrir".

Ensuite, vous verrez l'écran où vous pouvez ouvrir un long ou un short (en mode Hedge).

Avant d'ouvrir la transaction, assurez-vous que l'option Isolé est cochée et que l'effet de levier est correct.

Lorsque vous vous rendez sur votre position, vous trouverez toutes les informations relatives à votre métier.

La plupart d'entre eux seront probablement explicites, mais vous trouverez ci-dessous une brève explication de leur signification :

**Taille** = *combien vous pariez (y compris l'effet de levier).*
**PNL non réalisé (%ROE)** = *le profit ou la perte que vous avez à ce moment-là mais qui n'a pas encore été réalisé (dès que vous appuyez sur Fermer la position, ce montant sera ajouté ou déduit de votre portefeuille).*

**Marge** = *le montant que vous avez misé sur votre propre portefeuille.*

**Prix d'entrée** = *le prix auquel vous avez acheté la pièce (si vous avez ajouté plusieurs entrées, vous verrez l'entrée moyenne ici - elle est calculée automatiquement).*

**Mark Price** = *le prix actuel*

**Prix de liquidation** = *le prix auquel vous êtes liquidé (bien sûr, vous ne le laissez pas aller aussi loin, car un stoploss est également fortement recommandé pour les contrats à terme).*

**Remarque :** *lorsque vous ajoutez plusieurs entrées au cours de la transaction, votre prix de liquidation change également.*

Dans les 3 cases ci-dessous, vous pouvez ajuster votre effet de levier, placer un ordre stoploss et fermer votre position (le marché est direct et la limite est à un prix fixe).

## Stoploss et TP sur mobile

Bien qu'il ne soit pas recommandé de trader sur un mobile, placer un Stoploss et un TP sur un mobile est beaucoup plus pratique que sur un ordinateur portable.

Vous pouvez toujours modifier votre Stoploss et votre TP (Take Profit) séparément dans les Futures, vous ne devez pas tout remplir à nouveau (comme avec un ordre OCO au comptant).

À la position de clôture, vous changez "Marché" en "Limite" et remplissez le montant pour lequel vous

souhaitez prendre des bénéfices et remplissez le nombre de pièces que vous souhaitez vendre.
Si vous voulez entrer un ordre OCO sur les futures, vous utilisez "Stop Profit & Loss".

Vous remplissez votre objectif au prix du marché et au marché vous remplissez votre perte d'arrêt.

Si vous voulez sortir de la transaction plus tôt, vous pouvez utiliser "Fermer la position" et tous les autres ordres que vous avez mis en place expireront.

Dans le cas des Futures, il est conseillé de toujours utiliser le Stop Market afin de ne pas rester bloqué dans la transaction à cause du slippage (après tout, les pertes peuvent s'accumuler considérablement si votre Stoploss n'est pas déclenché).
Si vous souhaitez mettre fin à votre transaction plus tôt (satisfait du profit ou si vous ne voulez plus subir de pertes), vous n'avez pas besoin de tout supprimer mais vous pouvez appuyer sur "Fermer la position" et "Marché".
Ensuite, tous les ordres seront fermés et vous sortirez immédiatement de votre transaction.

**Intérêt ouvert - quelque chose à considérer ?**
L'intérêt ouvert est simplement le nombre de positions ouvertes (longues et courtes).

Les contrats à terme sont des contrats et plus l'intérêt en cours est élevé, plus il y a de contrats qui n'ont pas

65

encore été fermés (c'est-à-dire pour lesquels aucun acheteur ou vendeur n'a été trouvé).

Vous pouvez juger si un rallye est sain ou malsain sur la base des taux d'intérêt ouverts et des taux de financement.

Quelles conclusions pouvons-nous tirer lorsque l'intérêt ouvert est extrêmement élevé ?

**EXEMPLE :**
Par exemple, beaucoup de positions longues ont été ouvertes, mais pratiquement aucune position courte. Ces positions longues doivent être clôturées quelque part mais il n'y a pas de positions courtes pour capturer ces ordres.

Lorsque, en outre, les taux de financement sont très élevés, les longs veulent sortir de leurs positions rapidement, sinon ils devront payer beaucoup d'argent pour garder leurs positions ouvertes.
Ce qui se passe alors est le suivant : Un nombre extrêmement élevé de positions longues ouvertes qui sont fermées + peu de positions courtes (donc également peu de personnes qui rachètent) et un déséquilibre apparaît alors, avec beaucoup plus de vendeurs que d'acheteurs.

Ajoutez à cela le fait qu'un grand nombre de stop loss sont atteints, ce qui provoque un effet boule de neige (puisqu'il y a déjà peu d'acheteurs) et le prix peut descendre en flèche pour atteindre davantage de stops.

(Bien sûr, cela s'applique également dans l'autre sens - beaucoup de shorts ouverts et pas de longs pour rattraper les ordres).

**Taux de financement - qu'est-ce que cela signifie ?**

Les contrats à terme traditionnels sont conclus sur une base mensuelle ou trimestrielle et ont une date d'expiration.
Si, juste avant l'expiration, le prix actuel dévie, l'acheteur/vendeur doit être en mesure de payer à la contrepartie la différence de prix à la fin du contrat.

La négociation de contrats à terme traditionnels nécessite une compensation par une chambre de compensation. Il s'agit d'une partie intermédiaire.

L'acheteur et le vendeur du futur déposent une garantie auprès de cet intermédiaire. Le but de cette garantie est de s'assurer que l'acheteur/vendeur est en mesure de payer à la contrepartie la différence de prix à la fin du contrat.

Les contrats à terme chez Binance, cependant, sont des contrats sans date d'expiration (PERP = perpétuel) et il y a une différence importante.

Dans ce cas, vous pouvez conserver une position courte
ou longue jusqu'à ce que vous la résiliez vous-même ou
que vous soyez liquidé.
Parce que le règlement doit avoir lieu de toute façon
pour éviter un déséquilibre entre les longs et les shorts,
Binance assure (en tant qu'intermédiaire) que le
règlement a lieu.

**C'est ce qu'on appelle le taux de financement.**
Les opérateurs devront donc - en fonction de l'intérêt
ouvert - payer ou être payés.
Avec les contrats perpétuels, ce pourcentage est
recalculé plusieurs fois par jour.

Binance effectue ce règlement toutes les huit heures.
Vous pouvez voir sur la plateforme Futures de Binance
le taux de financement en cours de calcul (marqué en
jaune foncé) et un compte à rebours jusqu'au prochain
(marqué en blanc).

Il se trouve en haut de votre écran, à droite du levier
que vous avez défini.

Lorsqu'il y a beaucoup de volatilité, le prix entre le
contrat perpétuel et le prix actuel peut varier
considérablement.

Dans ce cas, le taux de financement est augmenté ou diminué.

Lorsque le taux de financement est positif, le prix du contrat perpétuel est plus élevé que le prix du marché et les traders qui ont pris une position longue paient alors les vendeurs.

Lorsque le taux de financement est négatif, les courts payent aux longs.

Comme le taux de financement tient compte de l'effet de levier utilisé, il peut avoir une grande influence sur les profits et les pertes.

Les taux de financement jouent un rôle important dans le marché perpétuel et, par conséquent, vous pouvez voir les grands mouvements à venir lorsqu'il y a un taux de financement extrême + lorsque vous voyez qu'un mouvement est fortement déterminé par l'intérêt ouvert (positions de marge).

Cela vaut donc la peine d'acquérir des connaissances plus approfondies à ce sujet et d'en tenir compte lorsque vous êtes dans une transaction ou lorsque vous êtes sur le point d'entrer dans une transaction.

**Quelle est la différence avec les transactions à terme sur BitMEX ?**

La plateforme BitMEX est une autre plateforme bien connue pour le trading de Bitcoin à terme. Mettons les deux plateformes côte à côte pour mettre en évidence certaines similitudes et différences.

69

## Interface utilisateur

Lorsque vous ouvrez les deux plateformes, vous remarquez immédiatement la différence dans l'interface utilisateur. Malgré notre légère préférence pour l'affichage sur Binance, une configuration préférée est très subjective et votre propre préférence peut donc différer de la nôtre. Le fait est que les écrans des deux plateformes sont très différents.

## Sécurité

Les deux plateformes, à l'arrière-plan comme au premier plan, travaillent extrêmement dur sur la sécurité de leurs plateformes et la confidentialité de leurs clients. Il y a peu de différence à signaler dans le niveau de sécurité entre les plateformes. Les deux plateformes fonctionnent avec une authentification à deux facteurs (2FA). Des milliards de volume passent par ces plateformes, vous n'avez donc pas à vous soucier de la sécurité de votre crypto au-delà de cela.

Bien entendu, nous vous recommandons toujours de gérer toute crypto physique (pas les contrats à terme) sur vos propres portefeuilles.

## Dépôts et retraits

Alors que BitMEX ne permet d'accéder au marché à terme qu'en déposant des bitcoins, chez Binance - avec une étape intermédiaire - vous pouvez utiliser plus de 350 crypto-monnaies et plus de 15 monnaies fiduciaires pour transférer l'argent de la plateforme ordinaire de

Binance vers la plateforme à terme. Sur ce point,
Binance est donc le grand gagnant.

## Négocier sur les deux plateformes

BitMEX est vraiment limité aux opérations à terme,
Binance offrant de nombreuses autres options. À
l'origine, Binance n'était pas non plus une plateforme
de contrats à terme, mais elle a été ajoutée
ultérieurement comme service supplémentaire.

L'effet de levier de Binance (max 125x) est plus élevé
que celui de BitMEX (max 50x), mais la question est de
savoir si vous aurez vraiment besoin de 125x.
Néanmoins, c'est une bonne chose d'avoir cette option.
De plus, Binance offre un grand nombre de paires de
crypto différentes pour entrer sur le marché à terme,
alors que le choix chez BitMEX est très limité.

Une fois encore, c'est Binance qui tire la plus longue
paille.

## Frais de négociation

Tout cela est bien beau, mais en fin de compte (pour
beaucoup), c'est une question de coûts. Après tout, plus
le coût de la négociation est élevé, plus vous devez faire
de bénéfices pour obtenir un retour sur vos
investissements.

BitMEX a des frais de création de 0,025 % et des frais de
prise de 0,075 %. Ces frais sont très bas par rapport à la
norme du secteur.

71

Binance utilise un modèle un peu plus compliqué, dans lequel vous pouvez utiliser la propre monnaie de la plateforme (BNB) pour vos frais de transaction. En fonction du nombre de BNB que vous avez dans votre portefeuille, vous recevrez une réduction sur les frais.

Binance utilise donc une échelle mobile de frais qui vont de 0,00 % à 0,02 % pour le Maker et de 0,017 % à 0,04 % pour le Taker. Pour connaître le barème complet, vous pouvez consulter la structure complète des frais de Binance sur leur site web.

Quelle que soit la façon dont vous le regardez, Binance est encore moins cher que BitMEX. Vous avez également reçu une réduction de 10 % en entrant l'ID de référence Binance UV7XYBFZ.

*Nous offrons également des signaux de trading dans notre groupe VIP qui peuvent être utilisés directement pour les futures Binance. Mieux encore, les signaux ont un support complet pour les robots, de sorte que vous pouvez automatiser vos trades avec le robot de trading Cornix.*

*Rejoignez-nous ici*

**Notre préférence et conclusion**

Et avec cette comparaison, nous sommes arrivés à la fin de notre chapitre sur la négociation des futures sur Binance.

Après toutes les considérations, pour et contre, nous avons définitivement développé une préférence pour le trading de futures sur Binance, plutôt que sur BitMEX. La plateforme est mieux développée, offre plus d'options différentes et est moins chère.

Si vous souhaitez vous plonger dans le monde magique du trading de futures, envisagez (une fois de plus) de faire un essai sur le réseau de test de Binance avant de vous lancer avec de " l'argent réel ". Dans tous les cas, nous espérons que, si vous décidez de vous lancer dans le trading de futures sur Binance, ce guide vous aura aidé à franchir facilement les premières étapes.

# Opérations sur marges sur Bitfinex

Les crypto traders utilisent une technique d'investissement appelée margin trading, c'est-à-dire qu'ils négocient avec de l'argent emprunté. Avec cette technique, ils essaient d'accumuler autant de bitcoins et d'autres crypto-monnaies que possible avant la fin du bull run imminent. Mais qu'est-ce que le trading sur marge exactement et comment s'y prendre ? Quels en sont les avantages mais surtout les risques ?

**Qu'est-ce que la négociation sur marge ?**

Le trading sur marge consiste à exploiter les fluctuations de prix sur les marchés boursiers et cryptographiques en utilisant de l'argent emprunté.

L'ouverture d'un tel prêt est très facile mais n'est possible que si vous donnez également un montant en garantie, cette garantie est appelée la marge. Selon la plateforme que vous utilisez, vous pourrez emprunter jusqu'à 100 fois votre mise initiale.

Dans le trading sur marge de crypto-monnaies, la garantie et le prêt sont tous deux effectués à l'aide de crypto-monnaies. Dans la plupart des cas, on utilise le bitcoin (BTC), l'éther (ETH) ou un stablecoin tel que Tether.

Un avantage majeur du trading sur marge avec des crypto-monnaies plutôt qu'avec des dollars ou des euros est que vous ne pouvez pas contracter de dette sur marge ici. Sur les marchés traditionnels, il est possible que votre compte soit dans le rouge. Donc, ici, vous pouvez non seulement perdre toute votre bankroll, mais aussi obtenir beaucoup de dettes supplémentaires.

Lorsque les gens parlent de trading sur marge ou de trading à effet de levier, ils veulent en fait dire la même chose, c'est-à-dire trader avec de l'argent emprunté. Mais il est bon de savoir qu'il existe une différence claire entre marge et effet de levier lorsqu'ils sont utilisés dans un contexte différent.

**Le trading sur marge peut se faire de deux manières différentes :**
Vous pouvez utiliser la marge pour acheter des crypto-monnaies (Spot margin trading).
Vous pouvez utiliser la marge pour acheter des produits dérivés (opérations à terme, comme expliqué dans le chapitre précédent).

**Que sont les produits dérivés ?**
Les produits dérivés sont des instruments financiers dont la valeur est liée à celle d'un actif sous-jacent tel qu'une crypto-monnaie, une action ou un métal précieux. Il permet aux utilisateurs d'ouvrir une position sur l'actif sous-jacent sans réellement acheter l'actif.

Préférez-vous acheter 2000 kg d'argent et les garder chez vous ou ouvrir un contrat financier dans lequel vous avez une position de 2000 kg d'argent ?

Vous avez 3 types de produits dérivés : Les contrats à terme, les options et les swaps. Dans ce tutoriel, nous n'expliquerons que les contrats à terme car ils sont les plus faciles à comprendre et à utiliser.

**Un exemple :**
Régulier : Vous achetez un bitcoin à 20.000$, après un an vous vendez votre bitcoin à 40.000$. Vous avez maintenant un profit de 20,000$.

Futur : Vous ouvrez une position d'un bitcoin à 20.000$, après un an vous vendez votre position à 40.000$. Vous avez maintenant un profit de 20.000$.

Pour en savoir plus sur les opérations à terme avec effet de levier, consultez le chapitre précédent.

Le day trader crypto expérimenté utilisera le trading sur marge car il lui donne un autre grand avantage : il lui permet de faire un profit même si le prix baisse, cela s'appelle shorting ou shortselling et est discuté plus loin dans ce chapitre.

**Qu'est-ce que la marge ?**

Lorsque nous parlons de marge, nous entendons la garantie que le trader doit déposer afin de garantir le risque de l'instrument financier utilisé.

Tout comme lorsque vous contractez un prêt auprès d'une banque, vous devez également déposer vous-même un certain montant.

Sur la plupart des plateformes, une distinction est faite entre les différents types de marge.

**Qu'est-ce que la marge initiale ?**
La marge initiale, l'équité initiale ou la marge requise est un autre nom pour le montant que vous devez mettre en garantie lorsque vous ouvrez une transaction avec un effet de levier.

**Quelle est la marge de maintenance ?**
La marge de maintien est la marge nécessaire pour maintenir une transaction ouverte avec de l'argent emprunté. Il s'agit d'une sorte d'assurance supplémentaire pour les crypto-marchés qui proposent certains produits dérivés. Ce terme est toujours exprimé sous forme de pourcentage.

Le calcul interne pour savoir si vous avez suffisamment de marge de maintien utilise votre bankroll restant, l'évolution de votre position, le coût de fermeture de la transaction, le coût du prêt et l'évolution des autres positions que vous avez ouvertes.

En tant que trader, vous n'avez pas à en tenir compte directement, vous devez simplement prendre en compte le point de prix où l'appel de marge se produit.

## Qu'est-ce qu'un appel de marge ?

Un appel de marge se produit lorsque la marge de maintien requise est supérieure au capital restant sur votre compte. Avec un appel de marge, votre position est automatiquement fermée parce qu'elle a évolué trop loin dans la mauvaise direction.
Ce phénomène est plus connu sous un autre nom, la liquidation forcée.
Chaque transaction effectuée sur le marché des marges a un prix de liquidation pour garantir le prêt et faire en sorte que vous ne puissiez jamais contracter de dette sur marge. Heureusement, vous ne devez pas calculer vous-même le prix de liquidation, mais vous pouvez le voir clairement après avoir ouvert votre position et ensuite sur le graphique des prix lui-même.

## Qu'est-ce qu'un portefeuille de marge ?

Si vous voulez vous lancer dans le trading sur marge, vous devez d'abord mettre des crypto-monnaies dans votre portefeuille de marge. Pour cela, vous utiliserez principalement le bitcoin et, dans certains cas, l'éther ou le tether. Il est préférable d'acheter ces crypto-monnaies sur une bourse de crypto-monnaies comme Bitvavo et de les transférer ensuite dans votre portefeuille de marge chez Bitfinex.

Chaque nouvel utilisateur de Bitfinex peut ouvrir 3 portefeuilles de crypto-monnaies lors de la création de son compte : un portefeuille d'échange pour acheter et vendre des crypto-monnaies, un portefeuille de financement pour les prêter et un portefeuille de marge pour négocier avec un effet de levier.

**Quels sont les coûts de financement des marges ?**

Les coûts de financement des marges sont les coûts du prêt que vous devez payer chaque jour pour maintenir le prêt ouvert. Le montant exact de ces coûts diffère d'un jour à l'autre. Les plateformes sur lesquelles vous devez payer un financement de marge utilisent un programme de prêt P2P, les prêts ne proviennent donc pas de la plateforme elle-même mais d'autres investisseurs qui mettent leurs crypto-monnaies à la disposition des traders à effet de levier en participant au programme de prêt.
Vous pouvez calculer qu'en moyenne, vous devrez payer chaque jour entre 0,01 et 0,05 % de financement par marge sur le montant emprunté. Bien sûr, cela signifie également que vous pouvez demander autant que vous le souhaitez en rejoignant le programme de prêt de la plateforme. Bitfinex possède de loin le portail le plus avancé pour les prêts sur marge.

**Qu'est-ce qu'un prêt sur marge ?**

Le prêt sur marge consiste à mettre votre crypto-monnaie à la disposition des traders à effet de levier. Vous prêtez votre crypto-monnaie et en retour vous recevez un intérêt quotidien. Vous pouvez choisir la durée du prêt et le taux d'intérêt quotidien. Grâce à cette méthode, les investisseurs passifs peuvent gagner entre 5 et 15 % d'intérêts par an.

79

D'ailleurs, vous ne recevrez pas ces intérêts en dollars ou en euros mais dans la crypto-monnaie que vous fournissez.

Sur les bourses de marge spécialisées telles que Bybit, nous avons également deux autres termes de marge à discuter : marge isolée et marge croisée.

## Qu'est-ce que la marge isolée ?

Lorsque vous ouvrez une position avec l'option "marge isolée" cochée, cela signifie que votre position n'est pas liée au montant restant sur votre compte. Lorsque votre position est liquidée, vous ne perdez que votre marge initiale.

## Qu'est-ce que la marge croisée ?

Lorsque vous ouvrez une position avec l'option "marge croisée" cochée, cela signifie que votre position est liée au montant restant sur votre compte. Lorsque votre position est liquidée, vous perdez, outre votre marge initiale, le montant restant sur votre compte.

**Avec la marge croisée, vous utiliserez automatiquement un effet de levier de 100x si votre bankroll le permet.**

Lors d'un effet de levier sur les crypto-monnaies sur Bybit, seule la crypto-monnaie que vous avez utilisée pour ouvrir la position peut être utilisée pour croiser la marge. Ainsi, si vous ouvrez une position avec du bitcoin (BTC) comme garantie, vous ne pouvez pas également perdre votre ether (ETH).

## Qu'est-ce que l'effet de levier dans le trading ?

Lorsque l'on parle d'effet de levier, on entend le rapport entre le prêt et la garantie. Le montant que vous pouvez emprunter dépend de la plateforme que vous utilisez et de la paire que vous négociez. Sur certaines paires, vous pouvez utiliser un effet de levier allant jusqu'à 100:1. On parle également d'effet de levier ou de prêt à effet de levier.

### Exemple d'effet de levier 5:1 (5x)
Nous achetons des bitcoins sur le marché au comptant de Bitfinex pour 1000 $. Dans cette situation, nous devons apporter nous-mêmes 20 % du montant total. 200 dollars constituent notre capital initial et les 800 dollars restants nous sont prêtés.

### Exemple d'effet de levier 50x (50:1)
Nous achetons pour 10 000 $ de contrats à terme d'éther sur Bybit. Nous n'avons besoin de fournir que 2% du montant total comme garantie ici. 200 $ sont notre capital initial et le reste du capital est emprunté.

### Longs ou courts
Le marché de la marge des crypto-monnaies fonctionne évidemment d'une manière différente de celle du marché ordinaire.

Lorsque vous pensez que le prix va augmenter, vous devrez acheter et vous serez "Long". Pour clôturer la transaction, vous devrez ensuite vendre à nouveau, ce qui ramènera votre total à 0.

Si vous pensez que le prix va baisser, vous devrez vendre et vous serez "Short". Afin de clôturer la transaction, vous devrez alors racheter des actions, ce qui ramènera votre total à 0.

Ce qui est "étrange" sur ce marché, c'est que vous pouvez vendre des pièces et des contrats cryptographiques sans les posséder. Cela est possible parce que votre total peut passer en dessous de zéro. Si vous vendez 10 000 contrats, votre total sera de -10 000.

Si vous voulez encaisser, vous devrez racheter ces 10 000 contrats, en espérant qu'ils soient à un prix inférieur, bien sûr, la différence de prix étant synonyme de profit pour vous.

**Ordre à cours limité ou ordre au marché**
L'ouverture d'une position avec effet de levier commence par le choix du type d'ordre, car il vous faut un moyen d'entrer sur le marché. Les ordres les plus fréquemment utilisés sont les ordres à cours limité et les ordres au marché.

Si vous placez un ordre à cours limité, votre position n'est ouverte que lorsque le prix dépasse le point de prix de l'ordre à cours limité. Votre ordre limité est exécuté par un ordre au marché d'un autre négociant et est toujours ajouté au carnet d'ordres.
Lorsque vous passez un ordre au marché, votre position est immédiatement ouverte en utilisant l'ordre à cours

limité le plus proche. Votre ordre au marché est exécuté
en réduisant ou en supprimant l'ordre à cours limité
d'une autre personne. Un ordre au marché n'est jamais
ajouté au carnet d'ordres.

Lorsque vous fermez une position avec un effet de
levier, vous pouvez utiliser à la fois un ordre à cours
limité et un ordre au marché. Pour limiter le risque
lorsqu'une transaction va dans la mauvaise direction, un
type spécial d'ordre au marché est toujours utilisé.

Si vous placez un ordre stop ou stop-loss, votre position
sera fermée au moyen d'un ordre au marché lorsqu'elle
atteindra le prix que vous avez spécifié. L'ordre stop-
loss est spécifiquement utilisé pour limiter le risque
lorsqu'une transaction va dans la mauvaise direction.

**Frais de commande**

Les bourses de crypto-monnaies ne fournissent pas
leurs services gratuitement, chaque ordre à cours limité
ou au marché qui est exécuté a un prix. Le montant
exact dépend de la plateforme que vous utilisez et du
volume que vous négociez.

Les frais du maker sont les coûts des ordres limités.

Les frais de prise en charge sont les coûts des ordres de
marché.

Il est bon de savoir que ces coûts sont calculés sur la taille totale de votre position, et pas seulement sur votre marge.

**Financement**

Sur les bourses spécialisées dans les produits dérivés, comme Bybit, il existe également des financements.

Le financement est le mécanisme qui garantit que le prix du produit dérivé est aussi proche que possible du prix de l'actif sous-jacent. Il y parvient en imposant un coût au maintien d'une position longue ou courte ouverte.

Ce coût n'est pas payé à la bourse de crypto-monnaies mais aux autres traders.

Vous pouvez compter sur un coût de financement moyen de 0,01% toutes les 8 heures. Plus le prix de l'actif sous-jacent s'éloigne du produit dérivé, plus le coût de financement sera élevé.

Lorsque le ratio de financement est négatif, les personnes en position courte paient le coût de financement aux personnes en position longue. Le prix du produit dérivé est inférieur au prix de l'actif sous-jacent.

Lorsque le ratio de financement est positif, les personnes en position longue paient le coût de financement aux personnes en position courte. Ainsi, le prix du produit dérivé est plus élevé que celui de l'actif sous-jacent.

Un trader qui utilise toujours des ordres à cours limité et qui négocie dans le sens du financement peut être rentable dans des situations où il serait normalement en équilibre.

## Avantages de la négociation à effet de levier

Moins vous avez de crypto-monnaies sur un marché d'échange, mieux c'est. En utilisant le trading à effet de levier, un trader peut toujours ouvrir des positions importantes avec seulement une fraction de son capital total. Il court ainsi moins de risques si un échange est piraté ou si lui-même n'a pas bien conservé ses données de connexion.

Un daytrader expérimenté utilise l'effet de levier pour prendre des positions plus importantes dans des situations spécifiques à forte probabilité, c'est-à-dire des situations où les chances de réussite d'une transaction sont très élevées.

Le marché des dérivés des crypto-monnaies est souvent plus volatil que le marché ordinaire, en raison des positions plus importantes qui peuvent être prises et des liquidations qui se produisent.

Les fraudeurs choisissent souvent d'utiliser l'effet de levier pour négocier sur le marché des produits dérivés en raison de ces moments d'extrême volatilité.

**La possibilité de vendre à découvert, en réalisant un bénéfice lorsque le prix baisse.**
La possibilité de vendre à découvert donne également au trader à effet de levier la possibilité de couvrir sa position en crypto-monnaies sans avoir à en vendre une partie.

La couverture est la couverture totale ou partielle d'un risque financier par la prise d'un autre risque en sens inverse.

**Risques liés aux opérations à effet de levier**

Bien qu'un trader discipliné puisse s'attendre à récolter toute une série d'avantages en utilisant l'effet de levier, un trader novice peut simplement signer son propre arrêt de mort.

En gérant mal son capital et en prenant des positions trop importantes et erronées, un profane peut perdre la totalité de son capital en quelques jours. Étant donné que plus de 90 % des traders débutants subissent une perte, il s'agit d'un point important à garder à l'esprit.

Lorsque vous avez des crypto-monnaies sur un portefeuille en ligne, vous courez toujours plus de risques que si elles sont sur un portefeuille matériel comme Trezor. Vous pouvez perdre vos données de connexion à l'échange à cause d'une escroquerie au bitcoin et ainsi perdre l'accès à votre compte.

**Par où commencer avec le trading à effet de levier ?**

Le trading à effet de levier avec les crypto-monnaies a gagné beaucoup de popularité ces dernières années. Il n'est donc pas étonnant que chaque année, de nouvelles plateformes poussent comme des champignons.

En tant que trader sur marge débutant, le meilleur endroit pour commencer est Bitfinex. Ils ont une grande sélection de toutes sortes de crypto-monnaies que vous pouvez négocier sur marge et vous avez également la possibilité de prêter sur marge.

Sur Bitfinex, vous pouvez utiliser un effet de levier de 5x sur la plupart des paires sans avoir à valider votre identité.
Une fois que vous aurez maîtrisé le trading sur marge sur Bitfinex, vous pourrez passer à un échange de produits dérivés spécialisés comme Bybit.

Ici, vous pouvez utiliser un effet de levier jusqu'à 100x sans valider votre identité.

**Ouvrir un compte sur Bitfinex**
Bitfinex est une bourse de crypto complète où vous pouvez acheter et vendre des pièces de crypto-monnaie, faire du trading sur marge et des prêts sur marge.

Ce n'est que lorsque vous utilisez Bitfinex pour acheter des crypto-monnaies que vous devez valider votre identité.
Lorsque vous créez un compte sur Bitfinex via un lien dans ce tutoriel, vous recevez une réduction de 5% sur vos frais de transaction.

Allez dans les paramètres de votre compte et activez la fonction 2FA.
Téléchargez "Google Authenticator" depuis la boutique d'applications sur votre smartphone, scannez le code QR de Bitfinex, puis saisissez le mot de passe à 6 chiffres.

**Ouvrir un portefeuille de marge sur Bitfinex**
Aller sur la page d'accueil de Bitfinex
Cliquez sur "Portefeuille" dans le coin supérieur droit et sélectionnez "Dépôt".

Générer l'adresse de votre portefeuille de marge.
Envoyer des bitcoins vers votre portefeuille de marge Bitfinex
Aller sur la page d'accueil de Bitfinex

Visualisez la fenêtre de négociation sur la gauche.
**Nom** = *Nom de la crypto-monnaie*
**Last** = *Le dernier prix négocié*
**24H** = *Différence de prix par rapport à il y a 24h*
**Vol** = *Volume*

**Choisissez votre paire d'échange**

Filtre sur la marge

Veuillez noter que le trading sur marge n'est pas possible sur aucune paire de pièces.

En filtrant sur "M", vous ne verrez que les paires que vous pouvez utiliser pour le trading sur marge.

Cliquez sur l'astérisque derrière la paire pour la marquer comme favorite.

Choisissez la bonne paire à négocier et passez à la fenêtre d'ordre.

Ici, nous pouvons enfin ouvrir notre position.

Cliquez sur le bouton "Marge" en haut à droite de la fenêtre de commande.

Cela change le bouton Achat d'échange en Achat de marge.

A titre d'exemple, nous allons ouvrir une position longue d'une valeur de 0,05 bitcoin.

Pour ce faire, nous utilisons un ordre au marché en cliquant sur "Margin Buy".

Nous ferons des bénéfices lorsque le prix du bitcoin augmentera.

**Placez un ordre stop loss**

Un ordre stop loss est l'ordre le plus important pour les nouveaux traders.

Sans contrôler chaque perte potentielle, vous ne pourrez jamais être rentable à long terme.

Si vous êtes en position longue, placez votre stoploss sous votre entrée et sélectionnez Margin Sell.

Si vous êtes short, placez votre stoploss au-dessus de votre entrée et sélectionnez Margin Buy.

**Placez un ordre de prise de bénéfices**

Un ordre de prise de bénéfices est un ordre à cours limité dont l'objectif est de réaliser un bénéfice.

Vous pouvez choisir le nombre d'ordres de prise de bénéfices que vous souhaitez utiliser, ainsi que la taille de chaque ordre.

Lorsque votre take profit est aussi important que votre ordre initial, vous allez laisser la transaction sur ce point.

Lorsque votre prise de profit est supérieure à votre ordre initial, vous allez passer de la position longue à la position courte ou vice versa.

Regardez le graphique des prix et vérifiez tous les ordres

Ordre de prise de profit, ordre limite, valeur de 0.02 bitcoin à 18799$.

Entrée, ordre de marché, ratio Profit/Perte actuel de +0.21%, valeur de 0.04 bitcoin à 18576$.

Ordre d'arrêt de perte, ordre de marché, valeur de 0.04 bitcoin à 18110$.

Ceci conclut le chapitre sur le trading sur marge sur bitfinex. Maintenant, c'est à vous de jouer.

# Qu'est-ce que le scalping ?

Dans le monde des crypto-monnaies, il y a eu beaucoup de buzz ces derniers temps autour de la stratégie de day trading "Scalping".

Mais de quoi s'agit-il exactement et où pouvez-vous le faire ? Dans cet article, nous résumons toutes les informations pertinentes que tout scalper novice devrait connaître avant de se lancer dans le secteur qui ne dort jamais.

Le scalping est une stratégie de trading journalier permettant d'exploiter les petites fluctuations de prix.

Cette technique est utilisée sur les marchés très volatils, où le prix d'une marchandise particulière fait des bonds importants chaque jour. Au lieu de consacrer plusieurs jours à une seule transaction, les scalpers effectuent souvent plusieurs transactions en une seule journée. Une transaction scalp qui est fermée après seulement 5 ou 10 minutes n'est pas une exception.

Le scalping ne se pratique pas sur les marchés traditionnels mais sur le marché des produits dérivés. Ceci pour deux raisons principales :

Vous pouvez réaliser un bénéfice lorsque le prix d'un actif baisse. C'est ce qu'on appelle la vente à découvert ou la vente à découvert, et c'est un élément crucial de toute stratégie de scalping rentable.

Vous pouvez négocier en utilisant de l'argent emprunté. C'est ce qu'on appelle le "trading sur marge", qui est nécessaire pour réaliser des profits importants sur de petites fluctuations de prix.

## Qu'est-ce que le marché des produits dérivés ?

Le marché des dérivés est un marché financier de produits dérivés appelés produits dérivés. Les produits dérivés sont des instruments financiers tels que les futures, les options et les swaps dont la valeur est basée sur un actif sous-jacent tel qu'une action, une crypto-monnaie ou un métal précieux, bien sûr ce principe de trading a été abordé plusieurs fois dans les chapitres précédents mais pour éviter que les personnes qui sautent le livre ne passent à côté d'informations essentielles il faut le répéter.

## Un exemple

Vous voulez investir une partie de votre capital mobilier dans l'or pour vous protéger contre l'inflation à venir de l'euro.

Au lieu d'acheter effectivement 50 kilogrammes d'or, vous achetez un contrat financier d'une valeur de 50 kilogrammes d'or, un contrat à terme sur or. Si le prix de l'or augmente, vous réalisez un bénéfice et vous n'avez pas à prendre en compte le "transport" et le "stockage sécurisé" de l'or réel.

Sur le marché traditionnel, vous devez toujours tenir compte de l'échéance du produit dérivé. Il s'agit d'une date future à laquelle le produit dérivé est fermé et la différence de prix est réglée avec votre argent.

Dans le monde des crypto-monnaies, il n'y a pas de terme.
Les dérivés cryptographiques comme les contrats à terme sont perpétuels, perpétuels.

**Scalping et Daytrading**
Le scalping est un sous-ensemble du daytrading. La différence entre le scalping et le daytrading réside dans deux facteurs : le temps que vous restez dans une transaction et le bénéfice que vous voulez en tirer.

Dans le cas du day trading, vous serez parfois dans une transaction pendant plusieurs jours et vous ne la clôturerez qu'après avoir réalisé un profit de 5%, 10% ou 20%.

Dans le cas du scalping, vous ne resterez généralement pas dans une transaction plus de quelques heures et vous clôturerez cette transaction après un profit compris entre 0,3% et 3%.

**Le scalping du Forex n'est PAS facile**
Le scalping Forex a perdu beaucoup de popularité ces dernières années. La principale raison en est le manque de volatilité.

Il y a tellement d'acteurs sur le marché, avec de si grosses sommes d'argent, qu'il y a littéralement une lutte pour chaque centime.

Les explosions de prix sont plus rares et donc plus difficiles à exploiter. Pour traduire ce phénomène en termes plus techniques :

*Un afflux de liquidités entraîne une diminution de la volatilité.*
*Et la volatilité, c'est le nerf de la guerre pour les vendeurs à la sauvette.*

**Le scalping crypté a la cote**

L'industrie de la cryptographie est en plein essor ! Les traders novices se retrouvent en masse sur le marché volatile du bitcoin et de centaines d'autres altcoins. 24 heures sur 24, 7 jours sur 7, tout le monde peut tenter sa chance dans ce secteur qui ne dort jamais.

Un grand avantage du scalping crypto est que vous ne pouvez pas contracter de dette de marge ici. Sur les marchés traditionnels, cela est possible, donc ici vous pouvez non seulement perdre tout votre argent, mais aussi obtenir une dette supplémentaire.

Apprendre à scalper commence par la recherche d'une stratégie de scalping rentable. Ce n'est pas une tâche facile. Ceux qui parviennent à scalper de manière rentable ne livrent pas leurs secrets facilement.

En tant que débutant, vous avez le choix entre deux options : acheter un cours payant sur Internet ou essayer l'une des nombreuses stratégies de négociation que vous trouvez gratuitement en ligne.

Nous avons examiné nos stratégies de trading et un indicateur pour scalper le bitcoin qui est utilisé plusieurs fois est "MTF Rolling Bitmex Liqs" sur Tradingview.

Cet indicateur vous montre le point de prix où les autres traders liquident leurs positions de marge. La zone entre les liquidations 25x et 50x est intéressante. Vous pouvez ensuite lier cet indicateur à l'un des nombreux autres indicateurs que vous pouvez trouver sur tradingview.

Vous devez rechercher la "confluence" entre différents indicateurs. Une correspondance où ils donnent tous deux un signal pointant dans la même direction.

Ensuite, sur la base d'un tel événement de confluence, vous mettez en place une stratégie de scalping disciplinée et la testez sur l'action des prix passés. Voyez-vous apparaître un modèle exploitable et pensez-vous avoir trouvé une stratégie rentable ?

Vous pouvez apprendre à repérer ces modèles dans notre cours "***The Fail-proof blueprint for massive profits with trading***".

Le chapitre suivant est consacré à la gestion des risques.
Il s'agit d'un chapitre tiré directement de notre cours,
qui contient des stratégies extrêmement précieuses
pour gérer les risques liés au trading et transformer vos
transactions en crypto-monnaies en profits.

Cliquez ici pour obtenir plus d'informations !

Si vous voulez un raccourci pour gagner de l'argent,
vous pouvez également vous abonner à notre canal
télégramme payant avec des signaux de day trading VIP,
ces signaux sont basés sur les stratégies de scalping de
notre expert et ces signaux ont une précision moyenne
de 70%, ce qui signifie qu'avec la bonne stratégie de
gestion des risques, vous êtes sûr de faire des bénéfices.

# Gestion des risques

La gestion du risque est le sujet le plus important et pourtant le moins populaire dans la catégorie du trading de crypto. Le concept consiste, comme vous l'avez probablement déjà compris vous-même, en deux mots importants : risque et gestion. Avec chaque transaction de trading que vous effectuez, vous courez le risque de perdre de l'argent. C'est, bien sûr, la dernière chose que vous voulez voir se produire.

Il est donc important d'évaluer correctement vos risques à l'avance et de les inclure dans votre plan de trading personnel. Une personne qui trade selon sa propre stratégie est un crypto trader, une personne qui trade sans plan est un joueur. Avoir une bonne gestion des risques est indispensable pour une bonne stratégie de trading.

La gestion du risque est le sujet le plus important et pourtant le moins populaire dans la catégorie du trading de crypto. Le concept consiste, comme vous l'avez probablement déjà compris vous-même, en deux mots importants : risque et gestion.

Avec chaque transaction commerciale que vous effectuez, vous courez le risque de perdre de l'argent. C'est bien sûr la dernière chose que vous souhaitez voir se produire. Il est donc important d'évaluer correctement vos risques à l'avance et de les inclure dans votre plan de trading personnel. Quelqu'un qui trade selon sa propre stratégie est un crypto trader, quelqu'un qui trade sans plan est un joueur. Avoir une bonne gestion des risques est indispensable pour une bonne stratégie de trading.

Le trading en bourse peut être considéré comme un jeu passionnant dans lequel vous essayez de rester "dans le jeu" le plus longtemps possible. Pour y parvenir, vous voulez que les autres joueurs ne puissent pratiquement pas vous prendre d'argent, mais que vous puissiez en gagner le plus possible.

Lorsque vous faites un mauvais trade et que vous êtes par conséquent du côté des perdants, vous vous assurez, au moyen d'une bonne gestion du risque, que vos pertes dans ce trade resteront minimes et que les joueurs ne pourront guère vous causer de dommages. Ne le faites-vous pas ?

Vous risquez alors qu'avec un seul mouvement de prix, la partie soit terminée et que vous ayez perdu tout votre argent. En revanche, lorsque vous êtes du côté des gagnants, vous voulez prendre le plus d'argent possible aux autres et maximiser vos profits. C'est aux joueurs adverses de gérer leurs risques, et vous bénéficiez d'un avantage supplémentaire lorsqu'ils ne le font pas bien.

*"Le trading consiste à minimiser vos pertes et à maximiser vos profits."*

La gestion des risques consiste notamment à minimiser vos pertes. La minimisation de celles-ci est au moins aussi importante que la réalisation de profits. Après tout, plus vous perdez, plus il devient difficile de récupérer cet argent.

**Il est plus important de minimiser les pertes que de maximiser les profits.**

Lorsque vous perdez de l'argent, il est plus difficile de récupérer le même montant. La raison pour laquelle la gestion du risque est si importante est que vous voulez éviter d'avoir à réaliser des taux de profit absurdes afin de retrouver votre ancien montant.

Pour cette raison, il est important de limiter vos pertes autant que possible. Vous souhaitez donc avoir un bon rapport entre le risque que vous prenez et le bénéfice possible que vous pouvez réaliser. Un rapport qui vous permet de jouer plusieurs fois une main perdante sans passer à la trappe.

Le tableau ci-dessous indique le pourcentage de gain dont vous avez besoin pour compenser le pourcentage de perte.

| Perte de votre portefeuille | % requis pour atteindre le seuil de rentabilité |
| --- | --- |
| 10% | 11% |
| 20% | 25% |
| 30% | 43% |

100

40%                              67%
50%                              100%
60%                              150%
70%                              233%
80%                              400%
90%                              900%

Pour éviter de se retrouver tout en bas de ce tableau, il est important de déterminer le risque souhaité par transaction. Vous avez maintenant lu pourquoi la gestion du risque est si importante, mais quel niveau de risque est-il vraiment sage de prendre par transaction ?


**Risque par transaction**

Pour pouvoir déterminer votre risque par transaction, vous devez savoir à l'avance, avant d'exécuter une transaction, où vous allez placer votre stop-loss (S/L) et votre take-profit (T/P). Vous saurez alors exactement à quel moment vous êtes prêt à subir une perte et à quel moment vous pensez qu'il est temps de laisser le bénéfice être versé.

**La définition du risque par transaction est la suivante :** *Risque par transaction* = *Le pourcentage de votre portefeuille total que vous êtes prêt à perdre au maximum par transaction, c'est-à-dire là où vous avez placé votre stop-loss.*

Il n'y a pas de pourcentage fixe que chaque trader crypto utilise pour déterminer le risque de son trade.

C'est personnel et une personne préfère trader avec un risque de 1% et une autre personne préfère trader avec un risque de 5%. Petit à petit, vous pouvez déterminer vous-même le pourcentage qui convient le mieux à votre stratégie de trading.

### Comment calculer le montant du risque que vous êtes autorisé à prendre ?

*Pour calculer le montant du risque par transaction, une formule simple est utilisée. Cette formule est la suivante, la multiplication étant indiquée par un astérisque* :*

**Montant du risque par transaction** *= La valeur de votre portefeuille * le pourcentage que vous êtes prêt à risquer.*

### Exemple :

*Supposons que votre portefeuille vaille 20 000 $ et que vous souhaitiez risquer 2 % par transaction, alors vous pouvez perdre un maximum de 20 000 $ * 2 % = 400 $ avec la transaction que vous effectuez.*

Ces 400 dollars ne signifient pas que vous n'achèterez des pièces que pour 400 dollars. Il se trouve que vous pouvez acheter un total de 20 000 $ de pièces et fixer votre prix stop-loss 2 % plus bas que le prix auquel vous avez acheté. Si le prix stop-loss est touché, les pièces seront vendues et vous aurez perdu un total de 400 $.

S'il s'avère que le prix a baissé de plus de 2 %, cela n'a pas d'importance pour vous, car votre ordre de vente stop s'est déclenché et vous avez très judicieusement limité votre perte à 2 % de votre portefeuille.

Lorsque vous dites : "Je risque 400 $", cela signifie que vous pouvez perdre un maximum de 400 $ sur la transaction que vous effectuez.

Vous savez maintenant combien d'argent vous pouvez risquer à 2 %, mais que se passe-t-il si vous voulez fixer votre seuil de perte plus bas ? Pour combien d'argent pouvez-vous réellement placer un ordre de transaction ? Ce montant est calculé à l'aide de la taille de la position.

### Calcul de la taille de la position
*En supposant que votre portefeuille vaut 20 000 dollars et que vous voulez courir un risque de 2 %, quelle peut être la taille de votre position ?*

### La définition de la taille de la position est la suivante :
*Le montant total pour lequel vous achetez des crypto-monnaies*
Pour déterminer la taille de votre position, prenez en compte votre risque par transaction et la distance jusqu'au stop-loss. La formule utilisée à cet effet est la suivante :

***Taille de la position** = ((Valeur totale de votre portefeuille * Pourcentage de risque) / Distance jusqu'à votre stop-loss)*

**Exemple :**

*Supposons que votre portefeuille vaut 20 000 $, que vous voulez prendre un risque de 2 % et que vous fixez votre stop-loss 5 % en dessous du prix d'entrée, alors la taille de votre position devient : ((20 000 $ * 2 %) / 5 %) = 8 000 $.*

Cela signifie qu'avec un portefeuille total de 20 000 $ et un stop-loss de 5 %, vous pouvez acheter des crypto-monnaies pour 8 000 $. Avec un pourcentage de risque de 2 %, vous risquez un montant maximum de 400 $ à cette taille de position.

Maintenant que vous savez comment jouer avec les risques par transaction, nous pouvons commencer à examiner le rapport entre les transactions rentables et celles qui sont déficitaires. Il est important qu'un résultat positif en ressorte, car sinon vous serez ruiné en quelques transactions. Ce rapport est calculé à l'aide du taux de récompense du risque (R) et le taux de gain examine ensuite combien de pourcentages de vos trades sont réussis.

**Taux de rendement du risque**

La lettre "R" représente votre ratio risque-récompense, c'est-à-dire le rapport entre le risque que vous courez avec la transaction et le bénéfice que cette transaction peut vous apporter. Pour calculer ce ratio, on utilise la formule suivante :

**R = Rendement / Risque**

**Exemple :**

*Vous ouvrez une position longue (vous spéculez sur une hausse des prix) et vous fixez le stop-loss à 100 \$ en dessous de votre prix d'achat. Vous avez fixé votre Take-Profit à 300 \$ et c'est là que vous prendrez vos bénéfices. Dans ce cas, le R est de 300 \$ / 100 \$ = 3.*

Le R dans cet exemple est de 3, ce qui signifie que le bénéfice possible est trois fois supérieur à la perte possible que vous pouvez subir.

De nombreux traders indiqueront qu'ils ne descendront jamais en dessous de R=1. Nous ne partageons pas cette opinion avec eux. Vous placez votre transaction en vous basant sur une analyse technique plutôt que sur un R prédéterminé. Le marché ne se soucie pas du R que vous avez supposé à l'avance.

Si l'AT (analyse technique) indique que votre objectif devrait être à 300 \$, vous n'allez pas le modifier pour correspondre au R que vous souhaitez. Cependant, il est important de réaliser que plus votre R est faible, plus vous devez être sûr de votre affaire pour pouvoir continuer à trader de manière rentable. Plus votre taux de gain est élevé, plus vous pouvez être sûr.
**Le taux de gain représente le pourcentage de transactions gagnées au cours d'une période donnée. La formule pour le calculer est la suivante :**

*Taux de gain = ((Nombre de transactions gagnées / Nombre total de transactions) * 100)*

**Exemple :**

*Vous avez effectué 20 transactions au cours du mois de janvier et vous en avez gagné 10. Votre taux de gain est de ((10/20) * 100) = 50%.*

Le fait que le taux de gain soit de 50 % signifie que dans la moitié des cas, vous avez effectué une transaction rentable. C'est une très bonne moyenne, mais cela ne signifie pas automatiquement que vous êtes également rentable. Si vous gagnez 1 000 $ avec la transaction rentable, mais que vous perdez 2 000 $ avec la transaction déficitaire, vous vous retrouvez malheureusement avec une perte de 1 000 $.

En combinant les calculs du R et du taux de gain, vous serez en mesure de calculer vous-même le nombre de transactions que vous devriez clôturer avec un bénéfice compte tenu de votre profil de risque, si vous voulez vraiment être rentable.

**Les traders de crypto-monnaies divisent souvent leur R en deux catégories :**

1.  **Un R plus élevé, un taux de réussite plus faible**
2.  **R inférieur, taux de réussite supérieur**

Lorsque vous avez négocié pendant un certain temps, vous pouvez calculer le R moyen de vos transactions. Sur la base de ce R moyen, vous pouvez calculer combien de fois au minimum vous devez exécuter une transaction rentable si vous voulez vraiment gagner de l'argent. Vous pouvez calculer ce nombre minimum à l'aide de la formule suivante :

**Taux de gain requis = 1 / (1+R) * 100**
**Exemple :**

*Si vous avez effectué 10 transactions, dont trois avec R=1, cinq avec R=3 et deux avec R=6, vous aurez un R moyen de 3. Le taux de gain pour atteindre l'équilibre est alors de 1 / (1+3) * 100 = 25%.*

Le taux de gain requis de 25% signifie que vous devez avoir une transaction gagnante dans 25% des cas pour rester dans le jeu. Dans ce cas, ce n'est pas un problème si vous perdez 100 $ trois fois de suite et que vous gagnez 350 $ à la quatrième transaction.

Vous trouverez ci-dessous un tableau dans lequel le taux de gain nécessaire par R est indiqué. Par exemple, dans le cas de "R=1", un taux de gain de 50% est nécessaire pour pouvoir jouer au seuil de rentabilité.

**Taux de gain par R**

| R-Multiple multiple) | Taux de gain requis 1/(1+R |
|---|---|
| 0,5 | 67% |
| 1 | 50% |
| 1,5 | 40% |
| 2 | 33% |
| 2,5 | 29% |
| 3 | 25% |
| 3,5 | 22% |

Avec un R de 0,5, vous devez gagner 67 % des transactions pour atteindre le seuil de rentabilité. Lorsque vos retours sont beaucoup plus élevés que votre risque et que vous avez un R de 3,5, vous n'avez besoin d'avoir une transaction rentable que dans 22% des cas pour atteindre le seuil de rentabilité.

## Quel type de trader êtes-vous ?

Vérifiez par vous-même quel R et quel taux de gain vous conviennent le mieux. Êtes-vous quelqu'un qui aime :

1. **travailler avec un R plus faible et s'efforcer ainsi d'obtenir un taux de réussite élevé ?**
2. **travaille avec un R plus élevé et s'efforce donc d'obtenir un faible taux de réussite ?**

Nous avons toujours parlé d'un taux de rendement du risque fixe, également appelé R statique, mais il existe également un R dynamique, un R évolutif.

## Évolution de R

Vous aimeriez qu'au cours du trade, le rapport entre votre risque et votre récompense reste bon. Comme mentionné dans la partie 3 du Crypto Trading, il est important de ne pas changer votre stop-loss juste comme ça. Beaucoup de gens le font pour rentrer dans leurs frais, mais cela peut être dangereux.

*Un R évolutif peut toutefois être intéressant, afin de conserver un bon rapport risque/récompense.*

Lorsque vous réglez votre stop-loss sur le seuil de rentabilité, cela ne signifie pas que, dans le pire des cas, vous auriez pu faire une transaction gratuite (en jouant le seuil de rentabilité). Il se trouve que vous avez réalisé un bénéfice et que lorsque votre seuil de rentabilité est atteint, vous avez rendu au marché le bénéfice que vous aviez réalisé précédemment.

**Exemple R évolutif**

Vous avez ouvert une position longue au prix de 1000 $ avec un stop-loss à 900 $ et votre objectif de prise de bénéfices est de 1300 $. Votre R dans ce cas est de 3. Le prix commence à monter et vous voyez qu'à 1290 $, il se retourne et redescend. Entre-temps, il a encore baissé à 1280 $ et vous avez déplacé votre stop-loss au point où vous atteindriez le seuil de rentabilité.

Ce point est le montant auquel vous avez entré la transaction et dans cet exemple, il s'agit du prix de 1000 $.

À ce stade, vous pouvez considérer qu'il s'agit d'une nouvelle transaction dans laquelle votre R est soudainement devenu bien pire que 3. Votre retour possible est à savoir seulement 1300 $ - 1280 $ = 20 $ et votre risque est de 1280 $ - 1000 $ = 180 $. Votre nouveau R est donc de 20 $/180 $ = 0,11. Cela signifie que vous pouvez potentiellement perdre beaucoup plus que ce que vous pouvez gagner.

Dans ce cas, il pourrait être sage de prendre vos gains. Après tout, vous risquez de remettre 180 $ sur le marché avec la possibilité de gagner 20 $ de plus. C'est un risque que peu de gens sont prêts à prendre.

Malheureusement, peu de gens voient les choses de cette façon et, par cupidité, ils veulent gagner ces 20 derniers dollars également. Mais que faire si vous pensez que le prix va augmenter bien plus que 1300 $ ?

**Où pourriez-vous placer un nouveau stop-loss ?**

Au moment où vous allez calculer vos chances pendant la transaction, vous la considérez en fait comme une nouvelle transaction avec un nouveau stop-loss et un nouveau take-profit. Donc, dans ce cas, vous allez calculer à nouveau votre R.

Pour ce faire, vous devez examiner les mouvements du prix depuis votre entrée sur le marché. Le mouvement du prix vous donnera des informations sur un certain support ou une certaine résistance.

Revenons à notre exemple. Supposons que le prix, depuis qu'il a touché les 1280 $, a fréquemment touché les 1250 $ et qu'à partir de là, il est reparti à la hausse, alors les 1250 $ sont une ligne de support potentielle. Quelque part sous ce point, vous pouvez placer votre nouveau stop-loss. Si le prix dépasse cette ligne de support, il est probable que le prix baissera encore et que vous aurez quitté le marché prématurément, tout en ayant assuré votre profit.

Supposons maintenant que vous pensiez que le prix va monter jusqu'à $1400,-, alors avec votre ancien stop-loss vous auriez eu un R de ($1400-$1280)/($1280-$1000) = 120/280 = 0,43. Ce n'est toujours pas un très bon R. Cependant, avec votre nouveau stop-loss, vous pouvez obtenir un bien meilleur R et par conséquent une meilleure transaction.

De cette façon, votre R se transformera en ((1400$-1280)/(1280$-1250) = 120/30 = 4. C'est pourquoi vous devez toujours veiller à ce que votre R évolue en même temps que votre transaction, mais dans ce cas, vous devez toujours tenir compte des lignes de support et de résistance.

Vous avez maintenant pris connaissance du taux de récompense du risque, du taux de gain et du E évolutif. Grâce à ces outils, vous serez en mesure de déterminer votre gestion du risque. En dehors de ces outils, il existe encore d'autres moyens de limiter vos risques de trading.

**Moyens possibles d'atténuer les risques**

Il existe de nombreuses façons d'atténuer vos risques. Vous trouverez ci-dessous une liste de techniques couramment utilisées :

**Diversifiez votre portefeuille**
111

Lorsque vous faites du trading, il est important de ne jamais miser sur un seul cheval. Si quelque chose ne va pas avec le projet crypto en question, vous perdrez immédiatement tout votre portefeuille. Il est donc important de répartir votre argent sur plusieurs pièces, ou de vous diversifier.

## Couverture

Vous limitez le risque de votre transaction en ouvrant une autre transaction. Ces deux éléments ont une corrélation négative l'un avec l'autre. Lorsque l'un monte, l'autre descend et vice versa. Par exemple, vous pouvez ouvrir une position longue sur un altcoin et la couvrir avec une position courte sur le bitcoin.

## Espérance de vie

L'espérance vous donne, en plaçant votre taux de récompense du risque (R) à côté de votre taux de gain, une indication de la somme que vous pouvez gagner ou perdre pour chaque dollar de risque.

**Exemple :** *si vous avez un taux de gain de 50 % et que vous gagnez en moyenne 200 $ et perdez en moyenne 100 $, votre espérance est de 50 $. La moitié de 200 $ est égale à 100 $ et 50 % de 100 $ est égale à 50 $. En soustrayant ces deux montants, vous obtenez 100 $ - 50 $ = une espérance de 50 $.*

## Échelles

L'échelonnement est une technique d'investissement qui consiste à acheter plusieurs produits financiers ayant tous des dates d'expiration différentes. Par exemple, vous pouvez acheter des crypto-monnaies et les mettre en jeu pour une période de trois mois et en tirer un rendement. En outre, vous pouvez également prendre des obligations qui ont une date d'expiration d'un an et il y a beaucoup d'autres produits à mentionner qui ont des échéances encore plus longues. Souvent, les produits financiers à longue échéance présentent moins de risques que les instruments à courte échéance. En variant ainsi, vous pouvez répartir vos risques.

**Stop-loss**
Le stop-loss est utilisé pour protéger votre portefeuille lorsque vous avez tort dans une transaction. Il vous aide à minimiser vos pertes et à maximiser vos profits.

# Bots de trading

Les robots de trading et Binance, une combinaison gagnante. Vous êtes fatigué du trading manuel et vous rencontrez toujours les mêmes problèmes ? Alors le trading automatique de crypto-monnaies est peut-être fait pour vous ! Dans ce chapitre, nous vous informerons sur les possibilités des bots de trading sur Binance, une bourse de crypto-monnaies.

Avec un robot de trading, vous pouvez dominer le marché des crypto-monnaies.

Nous suggérons l'utilisation d'un robot de trading, associé à nos signaux VIP, de cette façon vous pouvez automatiser la plupart du processus de trading, et après tout le travail que vous n'avez pas à faire, votre travail est de surveiller chaque transaction et de donner des entrées manuelles sur les pourcentages de levier, les stop/pertes et le nombre de transactions que le robot ouvre.

**Le suivi de votre robot de trading est absolument crucial pour réaliser des bénéfices ou éviter des pertes insensées, mais le fastidieux remplissage du formulaire pour chaque transaction a été supprimé.**
Consultez notre abonnement aux signaux de trading VIP pour vous impliquer dans notre communauté et nous vous aiderons à vous lancer !

Cliquez ici pour obtenir plus d'informations !

## Que sont les robots de trading de crypto-monnaies ?

Les bots de trading de crypto sont utilisés pour des activités automatiques de trading de crypto. On ne peut pas vraiment faire plus simple que cela. Lorsque les opérateurs (ou traders) sont actifs sur une plateforme de trading de crypto-monnaies, ils le font généralement avec des ordres manuels.

Un trader entre sur une telle plateforme (nous les appelons des bourses de crypto-monnaies) avec un compte personnel et choisit ensuite de placer manuellement un ordre d'achat ou de vente. Ensuite, lorsque l'ordre remplit les conditions requises, il est exécuté et réglé.

À ce moment-là, il y a un "échange" et la crypto-monnaie en question change de main. C'est un processus qui se produit des centaines de milliers de fois par jour et un robot de trading de crypto remplace en fait les actions humaines dans ce processus.

Vous disposez donc d'une machine ou d'un robot qui, en fonction de vos propres paramètres, effectue des transactions avec votre crypto-monnaie.

L'un des plus grands avantages d'un robot de trading de crypto est certainement qu'il est pratiquement toujours au travail. Il ne pleurniche jamais pour une augmentation de salaire, un jour de congé, n'est jamais malade et ne part jamais en congé maternité. Nous ne sommes pas sûrs de ce dernier point, mais jusqu'à présent, il n'y a pas eu de rapports à ce sujet.

Cela signifie que pendant que vous dormez, que vous faites attention à votre partenaire de vie ou que vous faites tout autre chose que de fixer les graphiques et les données de l'industrie cryptographique, vous êtes toujours actif sur le marché du trading. C'est utile car le trading de crypto est possible 24 heures sur 24 et 7 jours sur 7 et continue donc.

Le prix s'effondre-t-il soudainement pendant que vous dormez ? Dans ce cas, vous ne vous réveillerez pas avec une énorme gueule de bois et quelques milliers d'euros en moins, mais votre crypto bot vient de vous sauver selon ses paramètres pour un matin à glacer le sang.

**Commerce sans émotions**
Un robot de trading de crypto est une machine après tout. Il ne se laisse pas influencer par des mots gentils ou une invective. Il ne se laisse pas influencer par le battage médiatique ou le FOMO. Il respecte scrupuleusement les paramètres prédéfinis et effectue des transactions en fonction de ceux-ci.

Vous n'avez donc pas non plus à vous soucier des achats ou des ventes en panique, des sauts fous ou d'autres actions dont on lève les sourcils après coup. Un robot de trading de crypto est "cool, calme et recueilli". Toujours.

Il existe plusieurs bots de trading de crypto sur le marché, qui sont tous plus ou moins nés du même principe. Pourtant, il existe quelques différences entre eux. L'un des bots ne fonctionne que sur un ordinateur, l'autre est plutôt une solution en nuage.

Les avantages de l'un sont souvent les inconvénients de l'autre. Pourtant, avec Cornix, nous avons un polyvalent décent qui est très performant à tous les niveaux et celui qui rend l'intégration entre les signaux de trading sur telegram et la bourse de crypto-monnaies parfaitement automatisée.

Cela dit, nous pourrions bien sûr vous dire toutes sortes de choses sur Cornix. En fait, nous allons le faire.

**Qu'est-ce que Cornix ?**

Cornix est une application mobile et un robot Telegram qui peut faire le gros du travail pour vous, où que vous soyez et à tout moment. Il suffit de connecter Cornix à un ou plusieurs de vos canaux de signaux de trading Telegram ou scripts TradingView préférés, et notre robot exécutera automatiquement les transactions sur votre compte de change sans que vous ayez à faire quoi que ce soit.

Pour maximiser vos gains, vous pouvez utiliser leurs options de trading sophistiquées telles que les entrées multiples, les ordres simultanés stop et take-profit, et le trailing stop.

Cornix a rendu les fonctions de trading les plus complexes plus faciles à utiliser et à automatiser que jamais auparavant. Vous pouvez utiliser leur fonction brevetée de configurations optimisées, utiliser vos configurations de canaux de signaux, ou adapter votre trade à vos préférences.

- Automatisez vos transactions complexes avec des entrées multiples, des prises de bénéfices et des ordres stop-loss.
- Définir des ordres simultanés de prise de bénéfices et de pertes sur le même solde.
- Fractionnement facile de vos objectifs de prise de bénéfices et d'entrée
- Définissez des stratégies d'entrée et de prise de bénéfices automatiques, des tailles de transaction par défaut, des seuils de perte par défaut et bien d'autres options utiles.
- Opérations de rupture

**Fonctionne à partir du nuage**
Si vous n'êtes pas encore familier avec le mot "cloud", il serait bon d'y réfléchir. Par "travailler depuis le cloud", nous entendons en fait que vous pouvez contrôler et accéder à votre bot Cornix depuis n'importe quel appareil mobile doté d'une connexion Internet. Comme nous l'avons mentionné, vous avez besoin d'une connexion Internet, mais il doit être clair que cela est toujours vrai pour le trading de crypto.

Vous n'avez donc pas besoin d'installer un logiciel, un programme ou un paquet qui commencera ensuite à fonctionner pour vous à partir d'un ordinateur portable ou de bureau, mais vous l'avez simplement à portée de main à tout moment et en tout lieu. Plutôt pratique, non ? Vous pouvez donc accéder à votre bot n'importe où.

Vous trouverez des informations détaillées sur la façon de configurer le bot Cornix sur leur site Web, y compris tout le soutien que Cornix offre. Vous pouvez également demander aux experts en crypto trading de notre communauté de vous aider à configurer le bot. Cette assistance est uniquement réservée à nos membres VIP.

# Conclusion

À présent, vous avez, je l'espère, une bonne idée de ce que signifie réellement le trading de crypto et des différentes options de trading que vous pouvez utiliser pour tirer profit d'un marché volatil d'actifs financiers. Vous pouvez vous inscrire à notre liste de diffusion si vous souhaitez rester informé du contenu que nous diffusons.

Si vous ne pouvez pas attendre pour commencer à trader, nous pouvons certainement recommander l'achat de notre cours pour vous mettre en place avec une quantité solide de connaissances, avec un plan infaillible pour le trading de crypto-monnaies. Dans le cours, nous faisons une plongée profonde dans l'analyse technique du marché des crypto-monnaies et nous vous apprenons les outils littéraux du commerce.
Si vous avez acheté ce livre, vous avez déjà eu un avant-goût de ce que le cours a à offrir avec notre chapitre sur la gestion des risques.

Toutefois, si vous êtes venu ici avec la version gratuite de ce livre, nous pouvons vous dire qu'il vaut vraiment la peine de dépenser cinq dollars pour obtenir la version complète. Nous vous proposons un aperçu détaillé des différentes méthodes de trading et de la manière de les utiliser, ainsi que de la gestion des risques.

Nous offrons également un journal mensuel, qui vous fournit des informations privilégiées sur le marché des crypto-monnaies, où nous essayons de vous donner des prédictions précises sur les investissements qui pourraient rapporter des bénéfices.

En outre, comme vous le savez peut-être déjà, nous proposons également un groupe de signaux de trading, dans lequel vous pouvez vous inscrire pour faire partie de notre groupe de trading VIP. Nous offrons des signaux quotidiens qui peuvent être automatisés avec le robot Cornix avec une précision de 70% en moyenne.

Cela signifie que vous serez en mesure de réaliser un profit solide avec votre méthode de négociation préférée, si votre gestion du risque est bonne.

Nous offrons ces signaux sur telegram, où vous pouvez utiliser le bot cornix pour les implémenter automatiquement dans votre bourse et ouvrir des trades sans avoir à faire quoi que ce soit.

Consultez le chapitre suivant et suivez le lien du camping si vous souhaitez en savoir plus.

## Les signaux cryptographiques les plus rentables de 2021 et 2022

Le Master Trading Signals Group est une équipe de traders hautement qualifiés qui sont actifs sur le marché des crypto-monnaies depuis 2012.

Nous avons décidé de créer une communauté sur Telegram, afin que vous puissiez apprendre de nos signaux précis de crypto-monnaies et discuter de tout ce qui concerne la crypto-monnaie avec notre communauté.
Rejoignez-nous ici

### Signaux VIP Crypto

Notre équipe de traders chevronnés scrute et analyse les marchés cryptographiques 24 heures sur 24 pour que vous n'ayez pas à le faire.

Grâce à une combinaison d'analyses techniques approfondies, d'algorithmes d'IA et de recherche fondamentale.

Nous sommes constamment à la recherche des meilleures opportunités de trading pour nos membres.

### Signaux Crypto Profitable

Notre objectif est d'atteindre 500 signaux de haute qualité par mois pour le trading de diverses cryptocurrences.

122

**Une analyse technique précise**
Notre objectif est de fournir une précision moyenne de
70 % sur nos signaux.

**Objectifs de Stop/Loss et de levier**
Nous indiquons clairement le Stop/Loss, l'effet de levier
suggéré et les objectifs de profit pour chaque signal.

**En rejoignant notre groupe VIP, vous débloquez une
tonne de connaissances et d'expériences de nos
traders, avec un petit paiement mensuel, vous
rejoignez l'ÉLITE !**

Consultez notre site si vous souhaitez rejoindre notre
communauté et gagner de l'argent grâce à des signaux
de trading fiables !

Rejoignez-nous ici

Inscrivez-vous à notre liste de diffusion si vous
souhaitez recevoir des mises à jour hebdomadaires sur
les nouvelles importantes liées à la crypto et à
l'investissement, nos cours et notre communauté !

123